U0086931

Excel

省錢
賺現金

沒有投資理財基因！就用

關於文淵閣工作室

常常聽到很多讀者跟我們說：我就是看你們的書學會用電腦的。

是的！這就是寫書的出發點和原動力，想讓每個讀者都能看我們的書跟上軟體的腳步，讓軟體不只是軟體，而是提昇個人效率的工具。

文淵閣工作室創立於 1987 年，第一本電腦叢書「快快樂樂學電腦」於該年底問世。工作室的創會成員鄧文淵、李淑玲在學習電腦的過程中，就像每個剛開始接觸電腦的你一樣碰到了很多問題，因此決定整合自身的編輯、教學經驗及新生代的高手群，陸續推出 「快快樂樂全系列」 電腦叢書，冀望以輕鬆、深入淺出的筆觸、詳細的圖說，解決電腦學習者的傍徨無助，並搭配相關網站服務讀者。

隨著時代的進步與讀者的需求，文淵閣工作室除了原有的 Office、多媒體網頁設計系列，更將著作範圍延伸至各類程式設計、攝影、影像編修與創意書籍，如果您在閱讀本書時有任何的問題或是許多的心得要與所有人一起討論共享，歡迎光臨文淵閣工作室網站，或者使用電子郵件與我們聯絡。

- ■ 文淵閣工作室網站　http://www.e-happy.com.tw
- ■ 服務電子信箱　e-happy@e-happy.com.tw
- ■ 文淵閣工作室　粉絲團　http://www.facebook.com/ehappytw
- ■ 中老年人快樂學　粉絲團　https://www.facebook.com/forever.learn

總 監 製 ：鄧文淵	企劃編輯 ：鄧君如
監 督 ：李淑玲	責任編輯 ：鄧君如
行銷企劃 ：鄧君如‧黃信溢	執行編輯 ：黃郁菁、熊文誠、鄧君怡

本書範例

學會理財，才能往夢想前進！本書附有完整的範例練習檔案，讓您閱讀內容的同時，搭配多種不同類型且實用的表單範例，在最短時間內掌握學習重點。

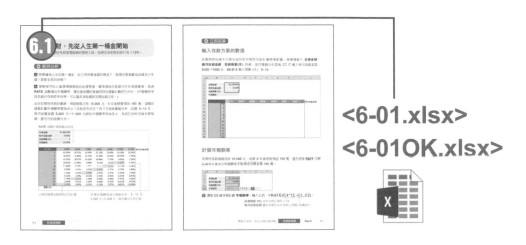

<6-01.xlsx>

<6-01OK.xlsx>

每個 Part 的相關表單，會整理於 <完成檔>、<原始檔> 資料夾中，練習時可以先開啟 <原始檔> 資料夾，使用預先設計好的表單配置範例檔，Step by Step 跟著說明操作省時又省力。

▼ 範例下載

本書範例檔請至碁峰網站 http://books.gotop.com.tw/download/ACI031800 下載，點選各單元連結即可下載該單元的範例壓縮檔，檔案為 ZIP 格式，讀者自行解壓縮即可運用。

其內容僅供合法持有本書的讀者使用，未經授權不得抄襲、轉載或任意散佈。

本書特點

理財和存款一樣，一步步來，書中分享了最實用的八大理財主題，幫助你輕鬆存錢、謹慎花錢、聰明賺錢，快速累積人生第一桶金：

- **Part01 個人理財規劃**
- **Part02 消費數據統計**
- **Part03 貸款、分期精算評估**
- **Part04 家庭財務管理**
- **Part05 幸福退休試算**
- **Part06 投資高報酬**
- **Part07 即時線上理財分析**
- **Part08 化繁複數據為圖表**

最後於 **附錄 A 聰明應用理財範本** 與 **附錄 B 公式與函數的基本操作** 分享如何下載並套用免費又便利的 Ecxel 理財範本檔，以及公式與函數基本技巧。

範例分析：		**方案比較：**
此主題常見的 Q、A 以及表單預設狀況		若主題較複雜，會以表格條理化的整理方案明細。

章節與範例檔編號　範例主題

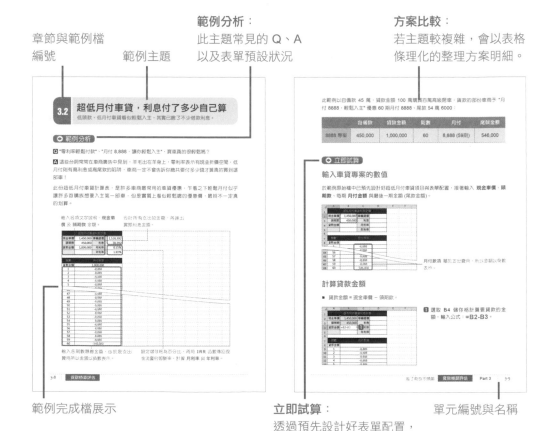

範例完成檔展示

立即試算：
透過預先設計好表單配置，
Step by Step 練習實做。

單元編號與名稱

公式：
條列式的說明運算方式。

操作說明：
圖解操作說明，步驟中完整的函數公式
會以藍色粗體字加強標示。

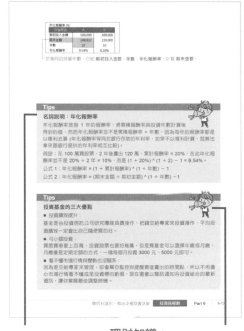

函數說明：
名稱、用法說明，格式
以及引數定義。

名詞說明：
解讀理財名詞，投資新手必看
不再搞得頭昏腦脹。

理財知識：
更多消費觀念、投資品、
條文與制度的說明。

書末附上 "常用函數與快速鍵功能索引表"，熟悉常用操作與功能函數也有助於提升
效率。

目錄

Part 01 個人理財規劃
想致富先學會記帳

理財也要理債，首先要了解收支現狀，
為生活各項花費設定預算，避免超過預期開銷，
隨時盤點家庭資產與負債，追蹤家庭財務狀況，有效掌握資產。

1.1	理財從記帳開始	1-2
1.2	以顏色標示記帳本的週末假日	1-10
1.3	編列預算有效管理支出	1-19
1.4	經營人脈就要適當回禮	1-22
1.5	盤點家庭資產與負債	1-26

Part 02 消費數據統計
有條理的掌握花費與預算

日常生活中常會遇到團購、代購或是家庭裝潢預算...等費用記錄，
將不同類型的雜項經過有條理的整理、計算與比較後，
化為有意義的資訊，讓花費與預算得到有效管理。

| 2.1 | 快速統計團購訂單資料 | 2-2 |
| 2.2 | 掌控家庭裝潢預算 | 2-11 |

03 貸款、分期精算評估
斤斤計較才能累積財富

手機資費、汽車貸款、各式各樣的分期付款方案，
一不小心就會掉入商人們的陷阱，
依自己的能力選擇最適合的方案，才不會當冤大頭。

3.1	手機綁約方案比一比	3-2
3.2	超低月付車貸，利息付了多少自己算	3-8
3.3	創業貸款與還款計劃	3-13
3.4	房屋貸款精打細算不踩雷	3-21

04 家庭財務管理
計劃評估與效益分析

存款、買房、保險樣樣都想要，面對手邊每月固定的收入，
需要先思考預計投入多少金錢與時間？預估報酬率多少？
最後訂定明確的目標努力實踐！

4.1	定存 VS 儲蓄險，報酬率總體檢	4-2
4.2	租屋好還是買房好？	4-12
4.3	DIY 壽險評估表檢視家庭保障缺口	4-17

Part
05 幸福退休試算
佈局富足人生享受退休好生活

退休後期望身邊有一筆錢，
好因應往後的老年生活，就必須趁年輕及早準備。
了解自身狀況，試算有利的請領方式，安定退休生活！

5.1 勞保老年給付應該月領還是一次領？ 5-2

5.2 勞工退休金舊制+新制可以領多少？ 5-14

Part
06 投資高報酬
聰明利滾利，做出正確投資決策

投資、儲蓄是 "財富" 聚集的不二法門，
面對琳瑯滿目的方案，別再被表象的數字給迷惑，
評估自己能力可及的方案再做投資決策！

6.1 理財，先從人生第一桶金開始 6-2

6.2 小資族善用定期性存款 6-8

6.3 告訴你該投資哪項商品 6-15

6.4 挑選基金的 4433 法則 6-22

Part
07 即時線上理財分析
掌握個人資產第一手現況

買了外幣匯存、黃金存摺或是股票，常無法掌握獲利或賠錢狀況，
製作一份線上即時理財管理的工作表，不只讓你方便掌握個人資產現況，
也可因應高點低點，抓住買進或賣出的好時機。

7.1　精算股票投資績效 7-2
7.2　外幣存款獲利評估 7-11
7.3　黃金存摺獲利評估 7-26

Part
08 化繁複數據為圖表
理財成果視覺化，完整了解財務狀況

大量的資料數據總是讓人難以消化，
透過 Excel 多款不同類型的圖表，輕鬆瞭解數據背後的資訊，
快速掌握理財的內容與決策方向。

8.1　將數據資料圖像化解讀投資標的 8-2
8.2　突顯圖表中的重點資料 8-3
8.3　家計簿記錄表 8-4
8.4　家庭裝潢預算表 8-14

附錄 A 聰明應用理財範本

每每看到那些 Excel 高手製作出來的各式理財預算表、計劃表、圖表...等，
除了公式函數運用外，五花八門的表格欄位、色彩設計更是另人驚嘆！
其實 Excel 軟體本身就提供許多免費又專業的理財範本，
使用範本直接套用，快速建立專業理財表單。

A.1 建立及使用 Excel 範本 A-2

A.2 財務、理財相關 Excel 範本 A-6

附錄 B 公式與函數的基本操作

函數也是公式的一種，雖然 Excel 有四百多個函數，
但只要了解其原理，就能舉一反三應用在日常生活各式計算中。

B.1 輸入公式、函數 B-2

B.2 修改公式、函數 B-5

B.3 儲存格參照 B-6

B.4 相對參照與絕對參照的轉換 B-8

B.5 線上查詢函數用法 B-9

Excel快速鍵與函數速查表

個人理財規劃

想致富先學會記帳

理財也要理債,首先要了解收支現況,為生活各項花費設定
預算,避免超過預期開銷。隨時盤點家庭資產與負債,追蹤
家庭財務狀況,有效掌握資產。

理財從記帳開始

每天花 5 分鐘記錄收入與支出金額，養成記帳好習慣。

◉ 範例分析

Q 才剛領了薪水，為什麼荷包一下子就見底，不知不覺成了月光族？到底錢都花到哪裡去了？

A 控制支出之前，透過記帳幫助你認識自己的消費習慣，在超支之前就開始控制花費，通常只要開始記帳，**90%** 的人都可以解決存不了錢的問題！

此份家計簿，左側固定類別分別為：收入、固定支出、生活雜支總計、總收入支出四個區塊，右側則是生活雜支記錄：伙食費、日用品...等項目的每日花費明細，可依自己平日花費習慣調整項目名稱。

自動填滿日期數值與星期幾

2018年　　8月家計簿

收入

項目	金額
薪水	68,000
美金	-
額外收入	200
合計	68,200

固定支出

項目	金額
房租	17,000
電話費	200
行動電話費	699
網路費	500
電視費	1,000
水費	300
電費	600
瓦斯費	400
合計	20,699

生活雜支總計

項目	預算	金額
伙食費	9,500	4,470
日用品	500	39
美容‧服裝	3,000	3,680
教育	5,000	1,750
醫療	5,000	400
交際	5,000	5,800
其他	-	-
合計	28,000	16,139

本月總收入	68,200
本月總支出	36,838
月收支合計	31,362

生活雜支記錄

日期	1	2	3	4	5	6	7	8	9	10	11	12	13	14	15	16	17
項目	週三	週四	週五	週六	週日	週一	週二	週三	週四	週五	週六	週日	週一	週二	週三	週四	週五
伙食費	55	100	320	150	55	55	55										
	198	50	180	200	160	180	187										
	560		500	50	50	45	600										
			100		280	260											
			80														
日用品	39																
美容‧服裝			2000	1680													
教育						1750											
醫療				150		250											
交際			2600	3200													
其他																	

◂	8月家計簿	9月家計簿	⊕

每張工作表代表一個月份。

用 **SUM** 函數合計各類別項目的金額後，以公式統計本月的總收入與總支出，最後再計算這個月的收支。

凍結窗格讓瀏覽更方便。

輸入收支項目的數值

於範例原始檔已預先設計好家計簿常用的項目與表單配置，接著請輸入年份 (A2 儲存格)、月份 (C2 儲存格)，以及 **生活雜支記錄、收入、固定支出** 金額以利後續運算。

	A	B	C	D	E	F	G	H	I	J	K	L	M	N	O	P
2	2018年		8月家計簿													
3	收入				生活雜支記錄											
4		項目	金額		日期	1	2	3	4	5	6	7	8	9	10	11
5		薪水	68,000		項目											
6		獎金	-			55	100	320	150	55	55	55				
7		額外收入	200			198	50	180	200	160	180	187				
8		合計			伙食費	560		500	50	50	45	600				
9								100		280	260					
10	固定支出							80								
11		項目	金額			39										
12		房租	17,000		日用品											
13		電話費	200													
14		行動電話費	699													
15		網路費	500				2000	1680								
16		電視費	1,000		美容‧服裝											
17		水費	300													
18		電費	600									1750				
19		瓦斯費	400													

自動填滿日期與星期

使用自動填滿功能，可以在連續儲存格中填入連續的數值、編號或相關文字。這個例子要填入該月 "日期" 值與下方的週幾文字，方式如下：

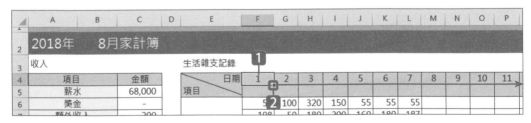

1 此範例 2018 年 8 月有 31 天，因此選取 F4 儲存格輸入：「1」。

2 按住 F4 儲存格右下角的 **填滿控點**，再按住 Ctrl 鍵不放往右拖曳，至 AJ4 儲存格再放開滑鼠左鍵，即可填入日期數值「1」~「31」。

	E	F	G	H	I	J	K	L	M	N	O	P	Q	R	S	T	U	V
3	生活雜支記錄																	
4		日期	1	2	3	4	5	6	7	8	9	10	11	12	13	14	15	16	17
5	項目	週三	週四	週五	週六	週日	週一	週二	週三	週四	週五	週六	週日	週一	週二	週三	週四	週五	
6		55	100	320	150	55	55	55											
7		19	50	180	200	160	180	187											

3 先確認該月份 1 日為星期幾，此範例 2018/8/1 是星期三，因此選取 F5 儲存格輸入：「週三」。

4 按住 F5 儲存格右下角的 **填滿控點** 往右拖曳，至 AJ5 儲存格再放開滑鼠左鍵，完成該月份每日對應的星期值。

Tips

自動填滿的應用

- **填滿控點** 上連按二下滑鼠左鍵可於垂直欄位自動填滿。
- 儲存格內的資料若為數值，直接拖曳儲存格的 **填滿控點**，填入方式為 **複製儲存格**；按住 **填滿控點** 再按住 Ctrl 鍵不放往右拖曳，填入方式為 **以數列方式填滿** 填入連續數列。
- 儲存格內的資料若為文字，則與填滿數值狀況相反，拖曳儲存格的填滿控點，為複製儲存格內容。

計算各類別項目的合計金額

Σ **自動加總** 功能，可自動偵測需要加總的儲存格範圍，再執行函數運算。

1 選取 C8 儲存格。

2 選按 **常用** 索引標籤 \ Σ，C8 儲存格會自動顯示加總公式：**=SUM(C5:C7)**，自動加總儲存格範圍數值。

依相同方式完成其他需要加總的儲存格，若自動偵測的範圍需要修訂，可於函數的 "()" 括號中輸入正確的儲存格範圍，最後按 Enter 鍵完成函數公式運算。

	A	B	C	D	E	F	G	H	I	J	K	L	M	N	O	P
19	瓦斯費		400		教育						1750					
20	合計		20,699	3												
21																
22	生活雜支總計				醫療				150		250					
23	項目	預算	金額													
24	伙食費	9,500	4,470		交際		2600	3200								
25	日用品	500	39		其他											
26	美容‧服裝	3,000	3,680													
27	教育	5,000	1,750	4												
28	醫療	5,000	400													
29	交際	5,000	5,800													
30	其他	–	–													
31	合計	28,000	16,139													

3 選取 C20 儲存格，選按 **常用** 索引標籤 \ Σ，顯示公式：**=SUM(C12:C19)**，按 Enter 鍵完成公式。

4 分別選取 C24 儲存格到 C31 儲存格，輸入以下 **SUM** 函數公式計算結果值，並完成 **生活雜支總計** 類別的合計金額：

伙食費 (C24 儲存格)：**=SUM(F6:AJ10)**

日用品 (C25 儲存格)：**=SUM(F11:AJ14)**

美容‧服裝 (C26 儲存格)：**=SUM(F15:AJ18)**

教育 (C27 儲存格)：**=SUM(F19:AJ21)**

醫療 (C28 儲存格)：**=SUM(F22:AJ23)**

交際 (C29 儲存格)：**=SUM(F24:AJ24)**

其他 (C30 儲存格)：**=SUM(F25:AJ25)**

合計 (C31 儲存格)：**=SUM(C24:C30)**

SUM 函數

說明：求得指定數值、儲存格或儲存格範圍內所有數值的總和。

格式：**SUM(數值1,數值2,...)**

引數：**數值** 可為數值或儲存格範圍，1 到 255 個要加總的值。若為加總連續儲存格 則可用冒號 ":" 指定起始與結束儲存格，但若要加總不相鄰儲存格內的 數值，則用逗號 "," 區隔。

利用簡單公式計算當月收入、支出總計與餘額：

- 本月總收入 = 收入合計
- 本月總支出 = 固定支出合計 + 生活雜支總計合計
- 月收支合計 = 本月總收入 − 本月總支出

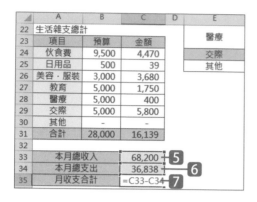

5 選取 C33 儲存格，取得 **收入** 的 **合計**，輸入公式：**=C8**。

6 選取 C34 儲存格，計算 **本月總支出**，輸入公式：**=C20+C31**。

7 選取 C35 儲存格，計算 **月收支合計**，輸入公式：**=C33-C34**。

固定表頭方便檢視

資料表太長的時候，向下捲動時就會看不出資料內容為何。**Excel 凍結窗格** 功能可以指定凍結的欄列，捲動視窗時就不會跟著捲動，最常用於固定資料標題。

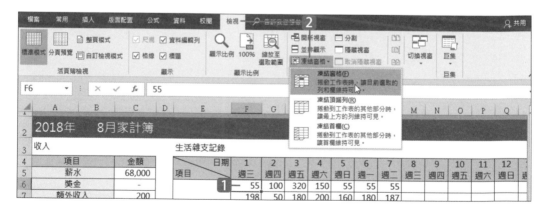

1 選取 F6 儲存格。

2 選按 **檢視** 索引標籤 \ **凍結窗格** \ **凍結窗格**，可以看到以 F6 儲存格為基準分割為四個區域，拖曳下方與右側捲軸時會發現 A~E 欄與第 1~5 列均被凍結，成為不可捲動的儲存格。 (選按 **檢視** 索引標籤 \ **凍結窗格** \ **取消凍結窗格** 可取消此功能)

快速製作其他月份的家計簿

完成這個月的家計簿後，可複製產生下個月份的家計簿，刪除其中不需要的數值資料，保留公式與運算式，就是一份新的家計簿。

1️⃣ 於 **8 月家計簿** 工作表標籤上按一下滑鼠右鍵，選按 **移動或複製**。

2️⃣ 選按 **(移動到最後)**，核選 **建立複本**。

3️⃣ 選按 **確定** 完成複製工作表。

4️⃣ 於 **8 月家計簿(2)** 工作表標籤上連按二下滑鼠左鍵可重新命名工作表。

5️⃣ 輸入：「9月家計簿」，按 Enter 鍵完成名稱變更。

6️⃣ 選取 C2 儲存格，修改月份的值，輸入：「9月家計簿」。

利用 **特殊目標** 功能，選取每個月都會變更的數值，僅刪除數值資料保留函數公式，即不需每個月重覆輸入相同計算公式。

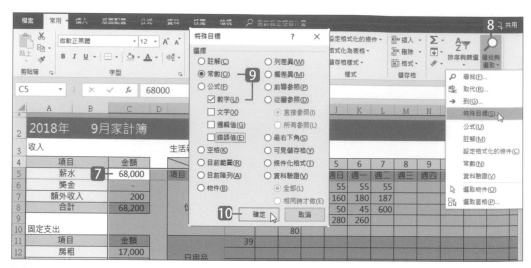

7 選取 C5:AJ31 儲存格範圍。

8 選按 **常用** 索引標籤 \ **尋找與選取** \ **特殊目標**。

9 核選 **常數**，再核選 **數字** 並取消核選其他項目。

10 選按 **確定** 完成目標指定。

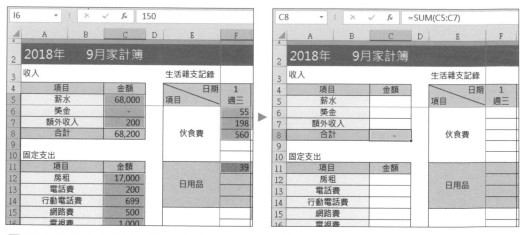

11 選取範圍中的數值資料已全被選取，按 Del 鍵一次刪除，卻不會刪除已經建立的函數或公式，成為一份新的家計簿，之後再輸入收入、支出金額，即可快速完成新月份的家計簿。

保持良好的記帳習慣，可以掌握你的每一筆收入與支出，節省不必要的開支，達到量入為出的目的。好習慣需要一段時間的培養，記帳也是如此，一旦養成後，不僅可以提升你在財務控制與規劃的能力，對於財富累積及存錢的效益上，也會獲得一定程度的成長。

Tips

除了自動加總，還有這些快速計算方式

選按 Σ 清單鈕快速選擇需要的運算方式，包括 加總 (SUM)、平均值 (AVERAGE)、計數 (COUNT)、最大值 (MAX)、最小值 (MIN)，即會自動偵測儲存格範圍，並求得結果值。

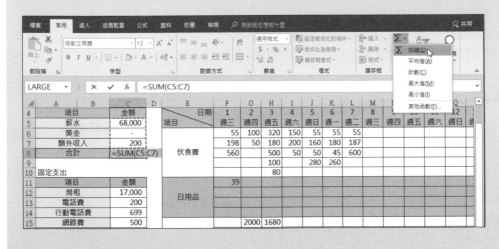

以顏色標示記帳本的週末假日

依各年各月份呈現日期與星期值，星期六為綠字、星期日為紅字。

● 範例分析

Q 平日與假日的收支來源多有不同，能不能有更快的方法區隔週末例假日？

A 將家計簿年、月、星期值以格式化公式呈現，可以讓記帳方式更有效率。

此份家計簿，以年、月自動帶出日期與星期值，再以格式化條件標示週六、週日文字顏色，複製下一個月份工作表時只要指定年、月就可以輕鬆開始記帳。

為數值自訂儲存格格式，並加上 "年" 與 "月家計簿" 文字。

用 **MONTH** 函數，以格式化條件將儲存格中不符合當月日期的保留空白。

2018年　8月家計簿

收入

項目	金額
薪水	68,000
獎金	-
額外收入	200
合計	68,200

固定支出

項目	金額
房租	17,000
電話費	200
行動電話費	699
網路費	500
電視費	1,000
水費	300
電費	600
瓦斯費	400
合計	20,699

生活雜支總計

項目	預算	金額
伙食費	9,500	4,470
日用品	500	39
美容·服裝	3,000	3,680
教育	5,000	1,750
醫療	5,000	400
交際	5,000	5,800
其他	-	-
合計	28,000	16,139

本月總收入	68,200
本月總支出	36,838
月收支合計	31,362

生活雜支記錄

日期	1 週三	2 週四	3 週五	4 週六	5 週日	6 週一	7 週二	8 週三	9 週四	10 週五	11 週六	12 週日	13 週一	14 週二	15 週三	16 週四	17 週五	18
伙食費	55	100	320	150	55	55	55											
	198	50	180	200	160	180	187											
	560		500	50	50	45	600											
			100		280	260												
			80															
日用品	39																	
美容·服裝			2000	1680														
教育						1750												
醫療					150		250											
交際			2600	3200														
其他																		

| 8月家計簿 | 9月家計簿 |

每一張工作表代表一個月份。

用 **DATE** 函數參照 "年份"、"月份"、"日期" 資訊判斷並顯示星期值。

以格式化條件標示週六、週日的顏色，讓資料更容易閱讀。

為數值加上字串或單位

於範例原始檔已預先設計好家計簿常用項目，原本顯示的 "2018年" 與 "8月家計簿"，
透過儲存格格式的設定方式，讓 "2018" 與 "8" 以數值呈現，方便後續的函數運算。

1️⃣ 選取 A2 儲存格輸入「2018」，再於 A2 儲存格按一下滑鼠右鍵選按 **儲存格格式**
開啟對話方塊。

2️⃣ 於 **數值** 標籤設定 **類別：自訂**。

3️⃣ **類型** 輸入「G/通用格式"年"」，選按 **確定**，A2 儲存格則顯示 "2018年"。

4️⃣ 依相同方式，選取 C2 儲存格輸入「8」，**儲存格格式** 設定「G/通用格式"月家計
簿"」**自訂** 類型，C2 儲存格則顯示 "8月家計簿"。

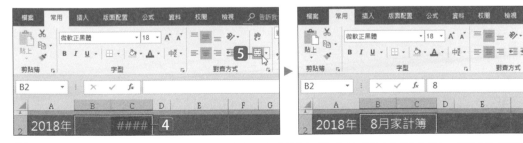

5️⃣ 因為 "8月家計簿" 文字較多，需使用合併儲存格才能顯示完整文字，所以先選取
B2:C2 儲存格範圍。

6️⃣ 選按 **常用** 索引標籤 \ 🔳，就可以完整顯示 "8月家計簿" 文字。

找出年月日相對應的星期值

將家計簿中的年份、月份、日的數值，用 **DATE** 函數傳回日期的序列值，再以格式設定為星期值。

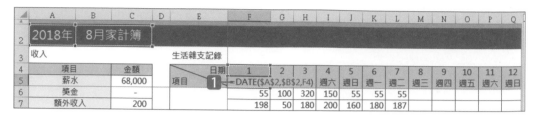

1 選取 F5 儲存格，取得對應的星期值，輸入公式：**=DATE($A$2,$B$2,F4)**。

之後要複製此公式，所以利用絕對參照指定參照範圍。

DATE 函數

說明：將指定的年、月、日數值轉換成代表日期的序列值。

格式：**DATE(年,月,日)**

Tips

輸入公式與函數的方式

直接於儲存格或資料編輯列中輸入公式或函數，公式中的中英文字、數值、符號皆需半形，函數名稱則是大小寫皆可。(詳細說明可以參考附錄 B 內容)

Tips

儲存格參照

複製公式時，公式中的儲存格位址會自動依複製目的地儲存格位址相對調整，如果需要固定參照儲存格位址時，可透過 **絕對參照** 與 **混合參照** 這二種儲存格參照方式調整。(詳細說明可以參考附錄B 內容)

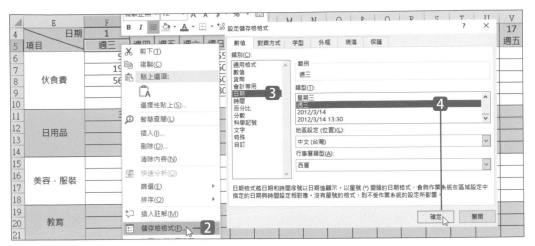

2 選取 F5 儲存格，按一下滑鼠右鍵選按 **儲存格格式** 開啟對話方塊。

3 設定 **類別**：**日期**。

4 設定 **類型**：**週三**，選按 **確定**，F5 儲存格中會顯示 "週三"，(因為 2018 年 8 月 1 日是星期三)。

	A	B	C	D	E	F	G	H	I	J	K	L	M	N	O	P	
4	項目		金額		日期	1	2	3	4	5	6	7	8	9	10	11	1
5	薪水		68,000		項目	週三	週四	週五	週六	週日	週一	週二	週三	週四	週五	週六	週
6	獎金		–			55	100	320	150	55	55	55					
7	額外收入		200			198	50	180	200	160	180	187					
8	合計		68,200		伙食費	560		500	50	50	45	600					

5 將滑鼠指標移到 F 欄與 G 欄之間，待滑鼠指標呈 田 狀，連按二下滑鼠左鍵，儲存格即會自動調整至合適寬度。

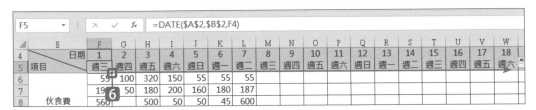

6 按住 F5 儲存格右下角的 **填滿控點** 往右拖曳，至 AJ5 儲存格 (31 日) 再放開滑鼠左鍵，完成複製函數與格式設定顯示所有相對應的星期值。

讓日期數隨著月份改變

不是每個月份都有 31 天，如果當月只有 28 天，則星期值儲存格中的 **DATE** 函數會將 28 號以後直接顯示為下一個月份，所以這個步驟中設定格式化條件為：以 **MONTH** 函數取得的月份值與 B2 儲存格的月份值不同時，顯示為空白，讓每個月份的家計簿都能依據月份顯示相對應的日期。

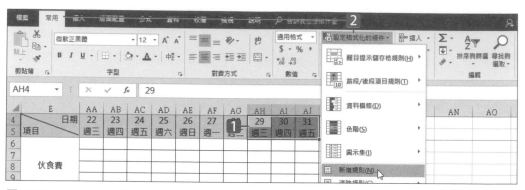

1 選取 AH4:AJ5 儲存格範圍。

2 選按 **常用** 索引標籤 \ **設定格式化的條件** \ **新增規則**。

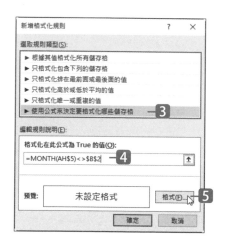

3 於 **新增格式化規則** 對話方塊中選按 **使用公式來決定要格式化哪些儲存格**。

4 於 **格式化在此公式為 True 的值**，在此設定公式條件若不符合指定月份，利用絕對參照指定月份，輸入公式：

=MONTH(AH$5)<>$B$2。

由於要用於多個儲存格，所以利用絕對參照指定參照範圍。

5 選按 **格式** 開啟對話方塊。

MONTH 函數

說明：從日期中單獨取得月份的值，為介於 1 (1 月) 到 12 (12 月) 間的整數。

格式：**MONTH(序列值)**

引數：**序列值** 指定要尋找月份的日期。

6 選按 **數值** 標籤。

7 設定 **類別：自訂**。

8 **類型** 輸入「""」，選按 **確定**。

9 選按 **確定** 完成格式化規則設定，之後如果於 B2 儲存格輸入其他月份值，而當月日期不到 31 天時，格式化設定會將儲存格中多的日期以空白顯示。

將週六設定為綠色

利用 **設定格式化條件** 將週六都標示為綠色加粗字體，讓瀏覽更容易。

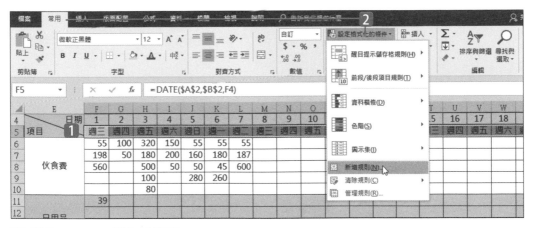

1 選取 F5:AJ5 儲存格範圍。

2 選按 **常用** 索引標籤 \ **設定格式化的條件** \ **新增規則** 開啟對話方塊。

3. 選按 **使用公式來決定要格式化哪些儲存格**，於 **格式化在此公式為 True 的值** 判斷星期值是否為週六，輸入公式：
=WEEKDAY(F$5)=7。

4. 選按 **格式** 開啟對話方塊。

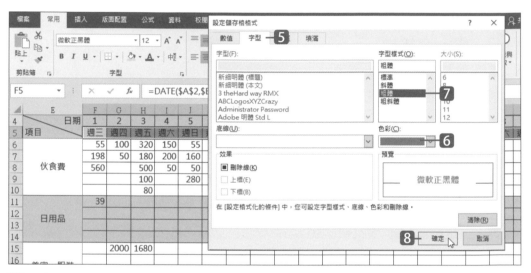

5. 選按 **字型** 標籤。

6. 選按 **色彩** 清單鈕，清單中選取要標示的顏色，此範例選按 **綠色, 輔色6**。

7. 選按 **字型樣式：粗體**。

8. 選按二次 **確定** 完成設定。(本書為雙色印刷，因此指定上色的部分會呈現灰色，開啟範例檔即可看到正確的色彩標示。)

WEEKDAY 函數

說明：從日期的序列值中求得對應的星期值。

格式：**WEEKDAY(序列值,類型)**

引數：**類型** 決定傳回值的類型，預設星期日會傳回 "1"，星期六會傳回 "7"...。

將週日設定為紅色

利用 **設定格式化條件** 將週日都標示為紅色加粗字體,讓瀏覽更容易。

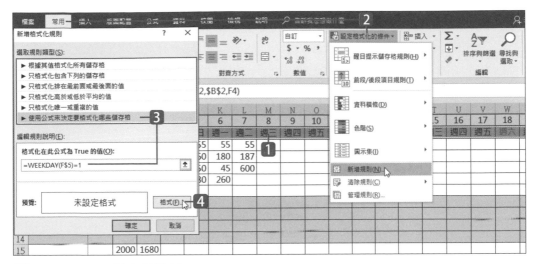

1️⃣ 選取 F5:AJ5 儲存格範圍。

2️⃣ 選按 **常用** 索引標籤 \ **設定格式化的條件** \ **新增規則** 開啟對話方塊。

3️⃣ 選按 **使用公式來決定要格式化哪些儲存格**,於 **格式化在此公式為 True 的值** 判斷星期值是否為週日,輸入公式:**=WEEKDAY(F$5)=1**。

4️⃣ 選按 **格式** 開啟對話方塊。

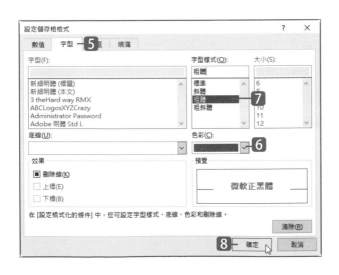

5️⃣ 選按 **字型** 標籤。

6️⃣ 選按 **色彩** 清單鈕,清單中選取要標示的顏色,此範例選按 **紅色**。

7️⃣ 再選按 **字型樣式:粗體**。

8️⃣ 選按二次 **確定** 完成設定。(本書為雙色印刷,因此指定上色的部分會呈現灰色,開啟範例檔即可看到正確的色彩標示。)

製作下個月份的家計簿

前面已完成 8 月份的家計簿,接著複製工作表並變更工作表標籤名稱,於 B2 儲存格輸入月份值,再修改或刪除不需要的數值資料,保留公式與運算式 (詳細的步驟可以參考 P1-7),這樣就完成一份新的家計簿。

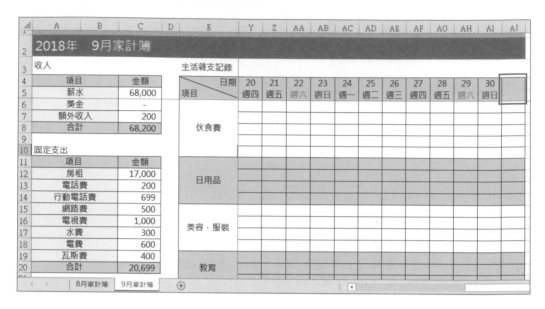

9 月只有到 30 日,根據之前的設計,只要月份改成 "9" ,星期值就會自動變更,第 31 天與星期值也會以空白表示。

Tips

複製工作表的快捷鍵

除了於工作表上按右鍵複製的方式以外,也可以於工作表上按滑鼠左鍵與 Ctrl 鍵不放,拖曳到要放置工作表的位置即可。

		5,000	3,680
27	教育	5,000	3,680
28	醫療	5,000	400
29	交際	5,000	5,800
30	其他	-	-

8月家計簿

就緒

編列預算有效管理支出

為自己的生活花費訂下預算，避免超過預期的開銷。

● 範例分析

Q 每月總是入不敷出，到底是哪些花費超支了呢？

A 透過家計簿確實記錄收支項目，了解超支原因及期間，透過設定預算的方式有效控制支出。

此份家計簿以格式化條件判定，"生活雜支" 類中各項目的花費金額是否大於預算值，若超出預算則以紅色底色警示，再為總金額加上幣值符號與千分位符號，讓金額容易辨識，輕鬆檢視自己的財務狀況。

2018年　8月家計簿

收入

項目	金額
薪水	68,000
獎金	-
額外收入	200
合計	68,200

固定支出

項目	金額
房租	17,000
電話費	200
行動電話費	699
網路費	500
電視費	1,000
水費	300
電費	600
瓦斯費	400
合計	20,699

生活雜支總計

項目	預算	金額
伙食費	9,500	4,470
日用品	500	39
美容·服裝	3,000	3,680
教育	5,000	1,750
醫療	5,000	400
交際	5,000	5,800
其他	-	-
合計	28,000	16,139

本月總收入	$68,200
本月總支出	$36,838
月收支合計	$31,362

生活雜支記錄

項目 / 日期	1 週三	2 週四	3 週五	4 週六	5 週日	6 週一	7 週二	8 週三	9 週四	10 週五	11 週六	12 週日	13 週一	14 週二	15 週三
伙食費	55	100	320	150	55	55	55								
	198	50	180	200	160	180	187								
	560		500	50	50	45	600								
			100		280	260									
			80												
日用品	39														
美容·服裝			2000	1680											
教育						1750									
醫療				150		250									
交際			2600	3200											
其他															

將數值加上幣值及千分位符號。

格式化條件顯示超支項目。

◐ 立即試算

標示超過預算的數值

在每個月收入有限的情況，設定雜支預算標準，只要花費金額超過預算會標註出不同的顏色，記錄消費金額的同時也能檢視是否超出預算。請於此範例 C24:C31 儲存格範圍中設定格式化條件，比對每個 **金額** 欄位左側的 **預算** 欄位，如果總金額超過預算會呈現淺紅色填滿與深紅色文字。

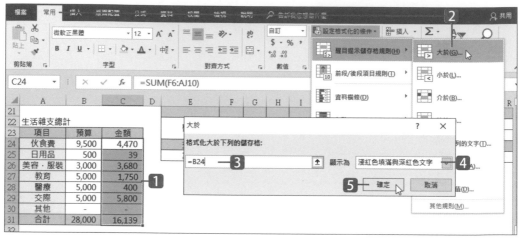

1️⃣ 選取 C24:C31 儲存格範圍。

2️⃣ 選按 **常用** 索引標籤＼**設定格式化的條件**＼**醒目提示儲存格規則**＼**大於** 開啟對話方塊。

3️⃣ 於 **格式化大於下列的儲存格** 輸入「=B24」。

4️⃣ 顯示為 **淺紅色填滿與深紅色文字**。

5️⃣ 選按 **確定** 會自動套用此條件到所有選取的儲存格。

▲	A	B	C	D	P	Q	R	S
21								
22	生活雜支總計							
23	項目	預算	金額					
24	伙食費	9,500	4,470					
25	日用品	500	39					
26	美容・服裝	3,000	3,680					
27	教育	5,000	1,750					
28	醫療	5,000	400					
29	交際	5,000	5,800					
30	其他	-	-					
31	合計	28,000	16,139					
32								
33	本月總收入	$	68,200					

設定完成後，如果金額超出預算會以不同顏色標示。(本書為雙色印刷，因此指定上色的部分會呈現灰色，開啟範例檔即可看到正確的色彩標示。)

顯示貨幣符號與千分位

於範例原始檔已預先設計好家計簿常用的項目，為金額加上貨幣與千分位符號，讓數值更清楚。

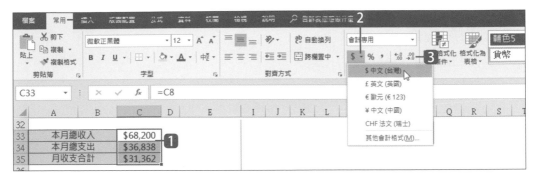

1️⃣ 選取 C33:C35 儲存格範圍。

2️⃣ 選按 **常用** 索引標籤 \ 🔽 清單鈕 \ **中文(台灣)**，讓數值顯示預設的幣值 (台幣) 符號及千分位符號。

3️⃣ 選按二次 🔢，去除小數位數，讓數值成整數。

Tips

選擇不同的貨幣符號

如果需要標示其他國家的貨幣符號，可以選按 **常用** \ 🔽 清單鈕 \ **其他會計格式**，於 **符號** 清單中選按合適幣別後，再選按 **確定**。

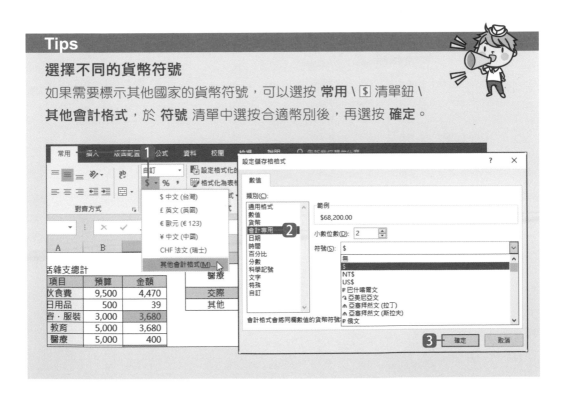

1.4 經營人脈就要適當回禮

婚宴上的禮金資訊，如果能詳實記錄雙方分類項目可方便回朔資料。

● 範例分析

Q 每次收到喜帖時，就會開始回想當年這位朋友包了多少禮金？

A 一般習俗上要回相等或更高金額的禮金才不失禮，當下若能將收禮紅包分類管理，不但方便日後回禮，也是管理紅包開銷的依據。

此份紅包記錄表，記錄結婚時男方/女方收到的紅包明細，內容包含：日期、是男方還是女方的朋友、族群、訂婚/結婚、名稱、金額...等，除了部份資料須手動輸入，利用清單規範輸入用詞及分類，可以讓資料表更整齊，而且節省輸入時間，之後在篩選或整理資料時，依既有的項目分類可快速篩選並找到需要的資料。

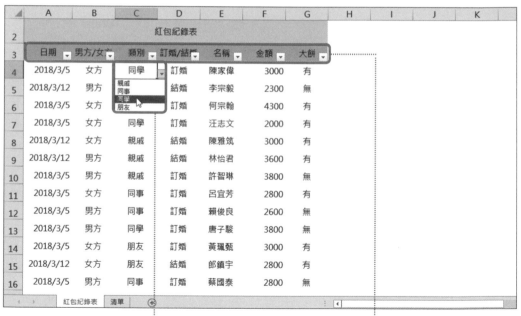

利用清單輸入既省時
又能統一用詞。

篩選功能可以依選取
條件過濾資料。

● 立即試算

製作項目清單

於範例原始檔已事先設計好項目，利用清單輸入，可以省去手動輸入時可能出現錯誤的情況，也可以統一項目名稱方便後續篩選整理。先選取要設定的儲存格後，以 **資料驗証** 設定清單。

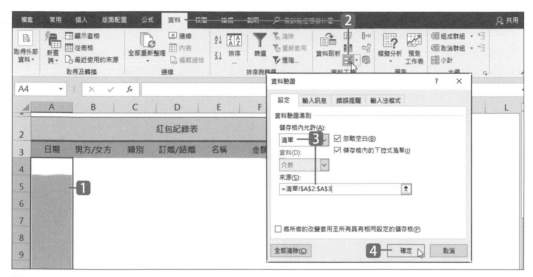

1️⃣ 選取 A4:A16 儲存格範圍 (選取要使用清單的儲存格一次設定)。

2️⃣ 選按 **資料** 索引標籤 \ ▦ 開啟對話方塊。

3️⃣ 於 **設定** 標籤選按 **儲存格內允許** 清單鈕 \ **清單**，輸入 **來源**：「 =清單!$A$2:$A$3 」。

4️⃣ 選按 **確定**。

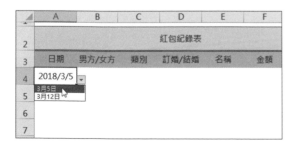

設定完成後，於儲存格右側選按 ▾ 即可看到清單，可選按要填入的數值或文字。

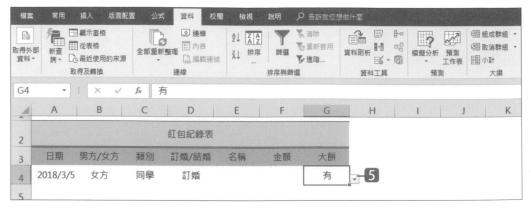

5 分別於如下的儲存格範圍建立項目清單，並設定來源資料儲存格：

男方/女方 (B4:B16 儲存格範圍)，**來源**：「=清單!$B$2:$B$3」

類別 (C4:C16 儲存格範圍)，**來源**：「=清單!$C$2:$C$5」

訂婚/結婚 (D4:D16 儲存格範圍)，**來源**：「=清單!$D$2:$D$3」

大餅 (G4:G16 儲存格範圍)，**來源**：「=清單!$E$2:$E$3」

6 接著完成相關資料的建立。

依輸入資料篩選

完整輸入紅包禮金資料後，利用篩選功能即可輕易篩選出所需項目。

1️⃣ 選取 A3 儲存格。

2️⃣ 選按 **資料** 索引標籤 \ 🔽，在列 3 儲存格右側會出現 🔽。

3️⃣ 選按 G3 儲存格的 🔽 開啟篩選清單。

4️⃣ 於清單中核選 **有** 只顯示有領餅的人。

5️⃣ 選按 **確定**。

篩選完成後可以發現，工作表中只會顯示有收到大餅的名單，如果想再增加其它篩選項目，只要依相同方式即可多重篩選，若篩選項目的 🔽 呈 🔽 狀態表示該項目已執行篩選，如果要取消篩選，選按 **資料** 索引標籤 \ 🔽 即可。

盤點家庭資產與負債

透過資產負債表,快速了解真實財務狀況。

● 範例分析

Q 如何知道家庭的財務狀況是好是壞、資產負債有多少、淨資產 (資產扣掉負債) 是正值嗎?該如何整理手邊的財務資料?

A 想投資理財、計劃工作或學習...等,要先知道自己有多少資產 (包含存款、房子、股票、車子、外幣...等),有多少負債 (包含房貸、卡債、學貸...等),透過資產負債表檢視整體財務表現,選擇合適的理財工具,讓金錢得到最有效的投資分配。

此份資產負債表中 **資產** 包括 **流動資產** 與 **固定資產**,**負債** 則是包括 **長期負債** 與 **短期負債**,除了輸入資料與計算公式外,透過資產、負債各項目與總額之間的比例計算,求出 **總資產佔比** 與 **總負債佔比** 的百分比,最後再計算總資產與總負債之間的差額,讓你清楚掌握個人或家庭的資產與負債狀況。

資產負債表				
資產				
		本金	現值金額	總資產佔比
流動資產	現金與活存	250,000	352,468	3.68%
	定期存款	50,000	50,000	0.52%
	外幣存款	32,000	31,576	0.33%
	股票	15,000	20,000	0.21%
	基金	34,000	37,000	0.39%
	黃金	76,504	72,340	0.76%
	其他	35,000	35,000	0.37%
	小計	492,504	598,384	6.25%
固定資產	自用車	860,000	860,000	8.98%
	自用房產	8,000,000	8,000,000	83.52%
	其他	120,000	120,000	1.25%
	小計	8,980,000	8,980,000	93.75%
資產總計		9,472,504	9,578,384	
負債				
		負債總額	負債餘額	總負債佔比
長期負債	房貸	6,800,000	5,000,000	90.92%
	車貸	360,000	300,000	5.46%
	就學貸款	200,000	176,000	3.20%
短期負債	現金卡	10,000	20,000	0.36%
	信用卡	-	3,417	0.06%
負債總計		7,370,000	5,499,417	
淨資產			4,078,967	

加總資產各列項目金額求出小計,再分別計算資產與負債總額。

以資產與負債總額計算資產淨值

計算資產、負債各項目與總額之間的比例,再換算成百分比樣式及取至小數點第二位。

● 立即試算

輸入資產與負債項目的金額

		本金	現值金額	總資產佔比
流動資產	現金與活存	250,000	352,468	
	定期存款	50,000	50,000	
	外幣存款	32,000	31,576	
	股票	15,000	20,000	
	基金	34,000	37,000	
	黃金	76,504	72,340	
	其他	35,000	35,000	
	小計			
固定資產	自用車	860,000	860,000	
	自用房產	8,000,000	8,000,000	
	其他	120,000	120,000	
	小計			
資產總計				

負債				
		負債總額	負債餘額	總負債佔比
長期負債	房貸	6,800,000	5,000,000	
	車貸	360,000	300,000	
	就學貸款	200,000	176,000	
短期負債	現金卡	10,000	20,000	
	信用卡	–	3,417	
負債總計				

於範例原始檔中已預先設計好常用的資產與負債表項目，輸入流動資產、固定資產的 **本金** 與 **現值金額**，以及長期負債、短期負債的 **負債總額** 與 **負債餘額**。

加總資產與負債的金額

輸入資產負債表中的各項金額後，接著要分別計算資產、負債的 **本金** 與 **現值金額** 小計與總計金額。

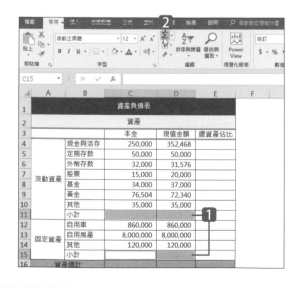

1 選取 C11:D11 儲存格範圍，按住 Ctrl 鍵不放，再選取 C15:D16 儲存格範圍。

2 選按 **常用** 索引標籤 \ Σ，會自動加總 **流動資產**、**固定資產** 的 **本金** 與 **現值金額** 小計金額。

(選按 Σ 功能後會自動判斷要加總的儲存格範圍，接著可分別點選儲存格檢查計算範圍是否正確。)

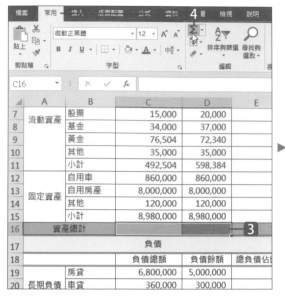 

3 選取 C16:D16 儲存格範圍。

4 選按 **常用** 索引標籤 \ **∑**，會自動判斷並加總 **流動資產**、**固定資產** 的 **本金** 與 **現值金額** 的二筆 **小計** 金額。

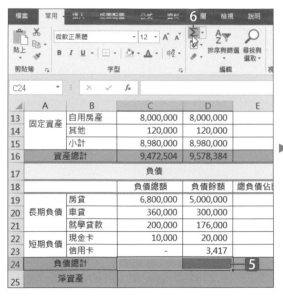 

5 選取 C24:D24 儲存格範圍。

6 選按 **常用** 索引標籤 \ **∑**，會自動加總 **長期負債**、**短期負債** 的 **負債總額** 與 **負債餘額** 總計金額。

計算各項目佔比

加總 **資產** 與 **負債** 各項目的 **現值金額** 後，接著了解在總和中所佔的比例，分析出花費最多的項目。

1 選取 E4 儲存格，計算 **總資產佔比**，輸入公式：**=D4/$D$16**。

之後要複製此公式，所以利用絕對參照指定參照範圍。

2 按住 E4 儲存格右下角的 **填滿控點** 往下拖曳，至 E15 儲存格再放開滑鼠左鍵完成複製。

▲	A	B	C	D	E
16	資產總計		9,472,504	9,578,384	
17	負債				
18			負債總額	負債餘額	總負債佔比
19	長期負債	房貸	6,800,000	5,000,000	1
20		車貸	360,000	300,000	0
21		就學貸款	200,000	176,000	0
22	短期負債	現金卡	10,000	20,000	0
23		信用卡	-	3,417	0
24	負債總計		7,370,000	5,499,417	

3 選取 E19 儲存格計算 **總負債佔比**，輸入公式：
=D19/$D$24。

4 按住 E19 儲存格右下角的 **填滿控點** 往下拖曳，至 E23 儲存格再放開滑鼠左鍵完成複製。

將佔比顯示為百分比並取至小數位數

將 **總資產佔比** 及 **總負債佔比** 換算成百分比並取至小數點第二位的設定，可以清楚看出佔比變化及比較大小，最後再以公式計算淨資產。

■ 資產總計 - 負債總計 = 淨資產。

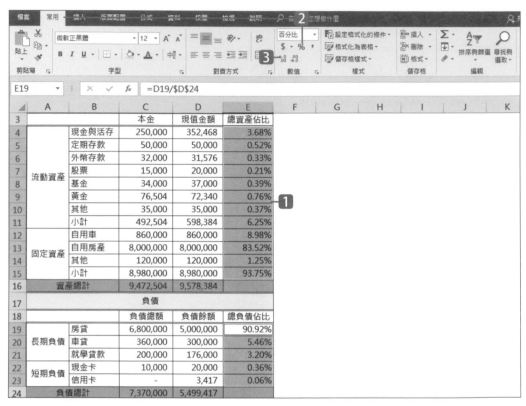

1 按住 Ctrl 鍵不放選取 E4:E15、E19:E23 儲存格範圍。

2 選按 常用 索引標籤 \ %，將數值加上百分比樣式。

3 選按 常用 索引標籤 \ .00 二次，將數值加上小數位數。

		負債總額	負債餘額	總負債佔比
18		負債總額	負債餘額	總負債佔比
19	長期負債	房貸	6,800,000	5,000,000	90.92%
20		車貸	360,000	300,000	5.46%
21		就學貸款	200,000	176,000	3.20%
22	短期負債	現金卡	10,000	20,000	0.36%
23		信用卡	-	3,417	0.06%
24	負債總計		7,370,000	5,499,417	
25	淨資產			=D16-D24 — 4	

4 選取 C25 儲存格，計算 **淨資產**，輸入公式：
=D16-D24。

即可計算出此期間所擁有的淨資產金額了。

Part
2

消費數據統計
有條理的掌握花費與預算

日常生活中常會遇到團購、代購或是家庭裝潢預算...等費用記
錄,將不同類型的雜項經過有條理的整理、計算與比較後,
化為有意義的資訊,讓花費與預算得到有效管理。

快速統計團購訂單資料

中午訂便當、下午訂下午茶,都可利用本單元快速統計不出錯。

○ 範例分析

Q 當團購品項眾多,訂購人數也多時,落落長的表格總是看到眼花,真想有個方便統計、顯示清楚的表格?

A 好的團購單可以清楚記錄商品數量、總金額,讓團購主一目瞭然並方便統計。

此份團購訂單建立了部門員工清單,可選擇部門後再選擇該部門員工,輸入數量之後會依商品及個人購買數量、金額加總,再以格式化條件標示購買的商品。

利用 **單價** 與 **數量** 算出小計,再以格式化條件標示有數量的商品。

製作部門及人員清單　用 **SUM** 函數加總各項商品購買數量

類別	產品	單價	人事 張欣怡	會計 唐子駿	總務 蔡國泰	財務 汪志文	會計 唐子駿	人事 吳文傑	總務 賴俊良	數量	小計
蛋捲類	香蔥蛋捲	160								2	$320
	巧克力蛋捲	110								0	$0
	原味蛋捲	110			5					5	$550
	海苔蛋捲	110								0	$0
	咖啡蛋捲	120						4		4	$480
	抹茶蛋捲	130				8				8	$1,040
	芝麻蛋捲	130		2	3					5	$650
	蜂蜜蛋捲	130							3	3	$390
	竹炭蛋捲	150								0	$0
點心類	機場土鳳梨酥	350								0	$0
	芝麻手工酥餅	80						1		1	$80
	咖啡手工酥餅	80							1	1	$80
	礦鹽手工餅乾	80					2			2	$160
	巧克力手工奶酥	80								0	$0
	原味手工奶酥	80								0	$0
	個人數量合計		2	2	8	8	2	5	4	31	$ 3,750
	個人金額合計		$ 320	$ 260	$ 940	$ 1,040	$ 160	$ 560	$ 470		

團購表單　團購員工　⊕

定義 **團購員工** 工作表的儲存格名稱,方便 **團購表單** 工作表取得部門及人員名稱。

用 **SUMPRODUCT** 函數加總個人購買金額

用 **SUM** 函數加總個人購買數量

建立儲存格範圍名稱

於範例原始檔已預先設計好團購表單的項目與員工資料，接著請在建立清單前先定義儲存格名稱，以便後續驗證清單設定相關參照。

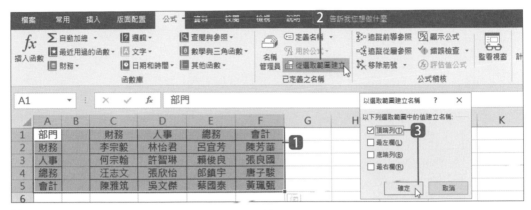

1 於 **團購員工** 工作表選取 A1:F5 儲存格範圍。

2 選按 **公式** 索引標籤 \ **從選取範圍建立** 開啟對話方塊。

3 只核選 **頂端列**，再選按 **確定** 完成儲存格名稱的建立。

設定好後，選取任一組清單資料可以看到依第 1 列的欄位標題定義的名稱，例如：選取 C2:C5 儲存格範圍，在左上名稱方塊中可看到 "財務" 部門名稱。

> ### Tips
> **以不同位置的標題列建立名稱**
> 在 **以選取範圍建立名稱** 對話方塊中，不一定要核選 **頂端列**，依照資料中的標題列位置可以核選 **最左欄**、**底端列** 或 **最右欄**。

建立第一層清單

完成定義儲存格名稱後，接著針對 **部門** 欄位建立清單，讓儲存格內容可以利用下拉式清單快速選取部門名稱。

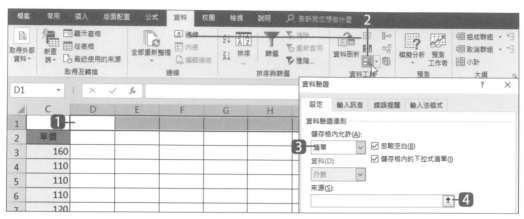

1️⃣ 於 **團購表單** 工作表中，選取 D1:J1 儲存格範圍。

2️⃣ 選按 **資料** 索引標籤 \ 🔳 開啟對話方塊。

3️⃣ 於 **設定** 標籤設定 **儲存格內允許：清單**。

4️⃣ 選按 **來源** 右側 ⬆。

5️⃣ 選按 **團購員工** 工作表的 A2:A5 儲存格範圍。

6️⃣ 選按資料驗證列右側 🔽，回到對話方塊。

7️⃣ 選按 **確定** 完成設定，於 **團購表單** 工作表 D1:J1 儲存格範圍右側已多出清單鈕，選按清單鈕可由清單中選取部門。

建立關聯清單

再建立 "員工" 清單，加入 **INDIRECT** 函數回傳指定儲存格參照位址內容。

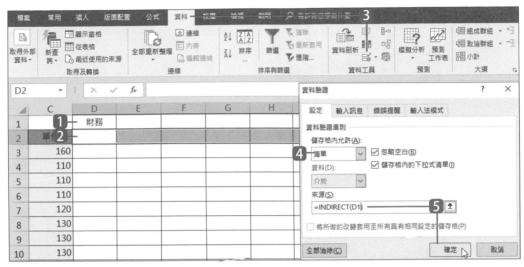

1. 於 **團購表單** 工作表的 D1 儲存格中指定任一部門。

2. 選取 D2:J2 儲存格範圍。

3. 選按 **資料** 索引標籤 \ 📄 開啟對話方塊。

4. 於 **設定** 標籤設定 **儲存格內允許：清單**。

5. 於 **來源** 輸入：「=INDIRECT(D1)」(函數括號內的引數請輸入第一筆資料的關聯 資料儲存格名稱)，最後選按 **確定**。 D2:J2 儲存格範圍右側已多出清單鈕，按一下 清單鈕可由清單中選取該部門人員。

INDIRECT 函數

說明：間接參照指定儲存格或儲存格名稱。

格式：**INDIRECT(字串,[參照形式]**

引數：**字串**　儲存格參照位址。

參照　儲存格參照形式分為 A1 及 R1C1 二種，若省略或輸入 TRUE 則為 A1 參照形式，若輸入 FALSE 則為 R1C1 參照形式。
在 A1 參照形式中，欄用英文字母、列用數字來指定，R1C1 參照形式 中，R 是指連續的列之數值，C 是指連續的欄之數值。例如：C2 儲存格， A1 參照形式仍是「C2」，R1C1 參照形式則會變成「R2C3」。

使用下拉式清單完成資料輸入

於 D1:J1 儲存格範圍指定部門資料，在 D2:J2 儲存格範圍就會顯示該部門的員工清單，請參考下圖完成部門及人員的選取，並於 D3:J17 儲存格輸入購買數量 (可參考本頁下方的表單內容)。

	C	D	E	F	G	H	I	J	K	L	M
1		人事	會計	總務	財務	會計	人事	總務			
2	單價	張欣怡	唐子駿	蔡國泰	汪志文	唐子駿	吳文傑	賴俊良	數量	小計	
3	160	2									
4	110										
5	110			5							
6	110										

計算商品訂購數量及金額

分別根據商品及員工，統計出團購的數量與金額。

	B	C	D	E	F	G	H	I	J	K	L
1			人事	會計	總務	財務	會計	人事	總務		
2	產品	單價	張欣怡	唐子駿	蔡國泰	汪志文	唐子駿	吳文傑	賴俊良	數量	小計
3	香蔥蛋捲	160	2							=SUM(D3:J3)	❶
4	巧克力蛋捲	110									

❶ 選取 K3 儲存格計算商品購買總數量，輸入公式：**=SUM(D3:J3)**。

	B	C	D	E	F	G	H	I	J	K	L
3	香蔥蛋捲	160	2						⬦	2	❷
4	巧克力蛋捲	110								0	
5	原味蛋捲	110			5					5	
6	海苔蛋捲	110								0	
7	咖啡蛋捲	120						4		4	
8	抹茶蛋捲	130					8			8	
9	芝麻蛋捲	130		2	3					5	
10	蜂蜜蛋捲	130							3	3	
11	竹炭蛋捲	150								0	
12	機場土鳳梨酥	350								0	
13	芝麻手工酥餅	80						1		1	
14	咖啡手工酥餅	80							1	1	
15	礦鹽手工餅乾	80					2			2	
16	巧克力手工奶酥	80								0	
17	原味手工奶酥	80								0	

❷ 按住 K3 儲存格右下角的 **填滿控點** 往下拖曳，至 K17 儲存格再放開滑鼠左鍵，完成複製公式。

SUM 函數

說明：求得指定數值、儲存格或儲存格範圍內所有數值的總和。

格式：**SUM(數值1,數值2,...)**

引數：**數值**　可為數值或儲存格範圍，1 到 255 個要加總的值。若為加總連續儲存格則可用冒號 ":" 指定起始與結束儲存格，但若要加總不相鄰儲存格內的數值，則用逗號 "," 區隔。

根據商品的購買總數量，計算出單項商品的金額小計。

■　小計 = 單價 × 數量。

	B	C	D	E	F	G	H	I	J	K	L
1			人事	會計	總務	財務	會計	人事	總務		
2	產品	單價	張欣怡	唐子駿	蔡國泰	汪志文	唐子駿	吳文傑	賴俊良	數量	小計
3	香蔥蛋捲	160	2							2	=C3*K3

3 選取 L3 儲存格輸入公式：**=C3*K3**。

	C	D	E	F	G	H	I	J	K	L	M
3	160	2							2	$320	
4	110								0	$0	
5	110			5					5	$550	
6	110								0	$0	
7	120					4			4	$480	
8	130				8				8	$1,040	
9	130	2		3					5	$650	
10	130							3	3	$390	
11	150								0	$0	
12	350								0	$0	
13	80						1		1	$80	
14	80							1	1	$80	
15	80				2				2	$160	
16	80								0	$0	
17	80								0	$0	

4 按住 L3 儲存格右下角的 **填滿控點** 往下拖曳，至 L17 儲存格再放開滑鼠左鍵，完成複製公式。

應用 Σ **自動加總** 功能，可自動偵測需要加總的儲存格區域，再執行相關函數運算。

5 選取 D18 儲存計算 **個人數量合計**，輸入公式：**=SUM(D3:D17)**。

6 按住 D18 儲存格右下角的 **填滿控點** 往右拖曳，至 J18 儲存格再放開滑鼠左鍵，完成複製公式。

7 選取 D19 儲存格計算 **個人金額合計**，輸入公式：
=SUMPRODUCT($C$3:$C$17,D3:D17)。

之後要複製此公式，所以利用絕對參照指定參照範圍。

SUMPRODUCT 函數

說明：計算相乘再加總的值 (乘積的總和)。

格式：**SUMPRODUCT(範圍1,範圍2,...)**

引數：**範圍1**　必要，元素乘積和的第一個儲存格範圍或陣列的引數。

　　　範圍2...　選用，當計算多組範圍的元素乘積和時使用，用逗號 "," 區隔。

	A	B	C	D	E	F	G	H	I	J	K
16		巧克力手工奶酥	80								0
17		原味手工奶酥	80								0
18		個人數量合計		2	8	8	2	5	4		
19		個人金額合計		$ 320	$ 260	$ 940	$ 1,040	$ 160	$ 560	$ 470	

8 按住 D19 儲存格右下角的 **填滿控點** 往右拖曳，至 J19 儲存格再放開滑鼠左鍵，完成複製公式。

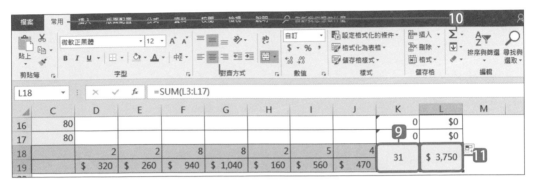

L18 fx =SUM(L3:L17)

	C	D	E	F	G	H	I	J	K	L	M
16	80								0	$0	
17	80								0	$0	
18		2	2	8	8	2	5	4	31	$ 3,750	
19		$ 320	$ 260	$ 940	$ 1,040	$ 160	$ 560	$ 470			

9 選取 K18 儲存格。

10 選按 **常用** 索引標籤 \ Σ，K18 儲存格會顯示加總公式：**=SUM(K3:K17)**。

11 以相同的步驟完成 L19 儲存格的加總：**=SUM(L3:L17)**。

標示出有購買的商品

團購單統計數量與金額後，再以格式化條件標示出有購買的商品。

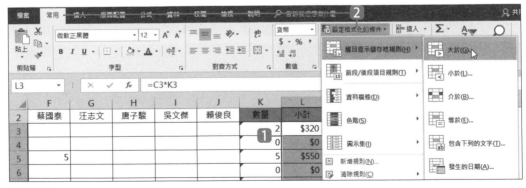

L3 fx =C3*K3

	F	G	H	I	J	K	L
2	蔡國泰	汪志文	唐子駿	吳文傑	賴俊良	數量	小計
3						2	$320
4						0	$0
5		5				5	$550
6						0	$0

1 選取 L3:L17 儲存格範圍。

2 於 **常用** 索引標籤選按 **設定格式化的條件 \ 醒目提示儲存格規則 \ 大於** 開啟對話方塊。

	C	D	E	F	G	H	I	J	K	L	M
1		人事	會計	總務	財務	會計	人事	總務			
2	單價	張欣怡	唐子駿	蔡國泰	汪志文	唐子駿	吳文傑	賴俊良	數量	小計	
3	160	2							2	$320	
4	110								0	$0	
5	110			5					5	$550	
6	110								0	$0	
7	120								4	$480	
8	130								8	$1,040	
9	130								5	$650	
10	130							3	3	$390	
11	150								0	$0	
12	350								0	$0	
13	80					1			1	$80	
14	80						1		1	$80	
15	80				2				2	$160	
16	80								0	$0	
17	80								0	$0	
18		2	2	8	8	2	5	4	31	$ 3,750	
19	$ 320	$ 260	$ 940	$ 1,040	$ 160	$ 560	$ 470				

大於   ?   ×

格式化大於下列的儲存格:

`0`   顯示為 淺紅色填滿與深紅色文字 ▼

3 確定   取消

4

3 於 **格式化大於下列的儲存格** 輸入「0」，設定 **顯示為：淺紅色填滿與深紅色文字**，選按 **確定**。

4 只要有人訂購的商品，**小計** 都會呈現淺紅色填滿與深紅色文字。

Tips

再編修或刪除格式化條件

設定格式化條件後，如果想要編修格式化條件，可於 **常用** 索引標籤選按 **設定格式化的條件 \ 管理規則** 會顯示所有已增加的格式化條件，選按要編修的條件後選按 **編輯規則** 可以修改該規則，選按 **刪除規則** 可以刪除該規則。於 **常用** 索引標籤選按 **設定格式化的條件 \ 清除規則** 可以刪除指定範圍內的規則。

掌控家庭裝潢預算

施工時許多項目令人眼花撩亂,又要掌握預算不超支。

● 範例分析

Q 家庭裝潢進行到一半才發現超支了,該怎麼避免這個問題??

A 每個家庭裝潢進行前都會先設定預算目標上限,利用費用分類及目標設定,就能有效控制預算。

此家庭裝潢的資金包含了 "預算金額" 與 "周轉金額",其中 "周轉金額" 主要在彌補 "預算金額" 的不足,當二者金額加總後再減掉已支出款項,就可以得出剩餘資金,根據花費狀況與剩餘資金,才能有效掌握整體預算與支出。最後利用色彩資料橫條標示各個家庭裝潢項目的花費比例,再藉由交叉篩選處理器分類篩選出指定資訊,幫助你輕鬆分析家庭裝潢預算。

用 **SUM** 函數加總所有裝潢項目金額,　計算已花費與剩餘　　　　　加上設計師資訊,有
再依據總配置款項求出剩餘金額。　　　金額占總款項比例　　　　　問題時可以聯絡。

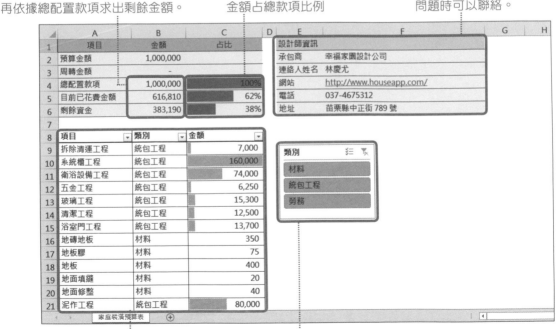

依 **項目**、**類別** 及 **金額** 一一記錄　　　以交叉分析篩選器分析顯示所需資訊

輸入帳目內的數值

於範例原始檔已預先設計好家計簿常用的項目與表單配置，接著輸入 **預算金額、周轉金額**，以及 **設計師資訊、項目、類別** 及 **金額**。

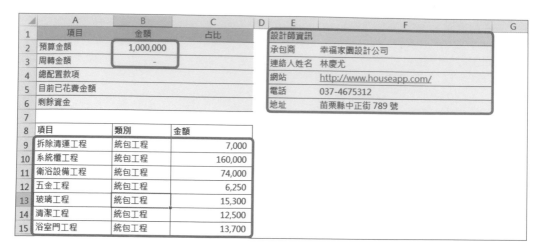

計算各項目的金額與占比

建立 **總配置款項** 與 **剩餘金額**，利用 **SUM** 函數加總 **目前已花費金額**，再分別計算各款項的占比：

- 總配置款項金額 = 預算金額 ＋ 周轉金額。

- 剩餘資金 = 總配置款項 － 目前已花費金額。

- 目前已花費金額占比 = 目前已花費金額 ÷ 總配置款。

- 剩餘資金占比 = 剩餘資金 ÷ 總配置款。

❶ 選取 **B4** 儲存格計算 **總配置款項**，輸入公式：**=B2+B3**。

▲	A	B	C	D	E	F	G
1	項目	金額	占比		設計師資訊		
2	預算金額	1,000,000			承包商	幸福家園設計公司	
3	周轉金額	-			連絡人姓名	林慶尤	
4	總配置款項	1,000,000			網站	http://www.houseapp.com/	
5	目前已花費金額	=SUM(C9:C44) ─❷			電話	037-4675312	

❷ 選取 B5 儲存格計算 **目前已花費金額**，輸入公式：**=SUM(C9:C44)**。

▲	A	B	C	D	E	F	G
1	項目	金額	占比		設計師資訊		
2	預算金額	1,000,000			承包商	幸福家園設計公司	
3	周轉金額	-			連絡人姓名	林慶尤	
4	總配置款項	1,000,000			網站	http://www.houseapp.com/	
5	目前已花費金額	616,810			電話	037-4675312	
6	剩餘資金	=B4-B5 ─❸			地址	苗栗縣中正街 789 號	

❸ 選取 B6 儲存格計算 **剩餘資金**，輸入公式：**=B4-B5**。

▲	A	B	C	D	E	F	G
1	項目	金額	占比		設計師資訊		
2	預算金額	1,000,000			承包商	幸福家園設計公司	
3	周轉金額	-			連絡人姓名	林慶尤	
4	總配置款項	1,000,000	100% ─❹		站	http://www.houseapp.com/	
5	目前已花費金額	616,810	=B5/B4 ─❺		電話	037-4675312	
6	剩餘資金	383,190			地址	苗栗縣中正街 789 號	

❹ 於 C4 儲存格輸入「100」表示 **總配置款項** 為基數 100%。

❺ 選取 C5 儲存格計算目前已花費金額占比，輸入公式：**=B5/B4**。

▲	A	B	C	D	E	F	G
1	項目	金額	占比		設計師資訊		
2	預算金額	1,000,000			承包商	幸福家園設計公司	
3	周轉金額	-			連絡人姓名	林慶尤	
4	總配置款項	1,000,000	100%		網站	http://www.houseapp.com/	
5	目前已花費金額	616,810	62%		電話	037-4675312	
6	剩餘資金	383,190	=B6/B4 ─❻		地址	苗栗縣中正街 789 號	

❻ 選取 C6 儲存格計算剩餘資金占比，輸入公式：**=B6/B4**。

▲	A	B	C	D
1	項目	金額	占比	設計
2	預算金額	1,000,000		承包
3	周轉金額	-		連絡
4	總配置款項	1,000,000	100%	網站
5	目前已花費金額	616,810	62%	電話
6	剩餘資金	383,190	38%	地址

透過目前已花費與剩餘金額的占比數，有效控管增加的家庭裝潢項目金額，掌握可運用的資金狀況。

以色彩橫條顯示各數值百分比

以格式化條件設定各數據的 **資料橫條**，透過色彩橫條可以更容易看出占比。

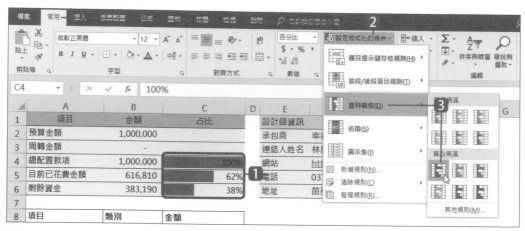

1️⃣ 選取 C4:C6 儲存格範圍。

2️⃣ 選按 **常用** 索引標籤 \ **設定格式化的條件**。

3️⃣ 選按 **資料橫條** \ **實心填滿** \ **藍色資料橫條**。

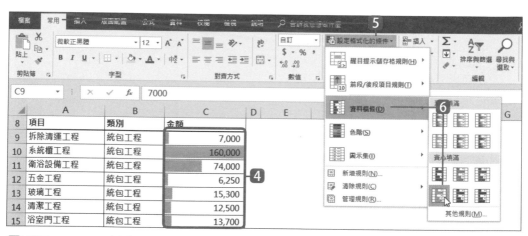

4️⃣ 選取 C9:C44 儲存格 (所有金額儲存格)。

5️⃣ 選按 **常用** 索引標籤 \ **設定格式化的條件**。

6️⃣ 選按 **資料橫條** \ **實心填滿** \ **橘色資料橫條**，就可於金額數值上的橫條顏色看出金額高低。

增加資料篩選表單

將輸入的項目轉為 **表格**，再新增 **交叉分析篩選器**，就可以快速依指定項目篩選資料。

1️⃣ 選取 A8 儲存格。

2️⃣ 選按 **常用** 索引標籤 \ **格式化為表格**。

3️⃣ 選按 **白色,表格樣式淺色1** 開啟對話方塊。

4️⃣ 於 **請問表格的資料來源** 輸入「=$A$8:$C$44」(家庭裝潢細項內容儲存格範圍)，確認核選 **我的表格有標題**，再選按 **確定** 完成格式化為表格設定。

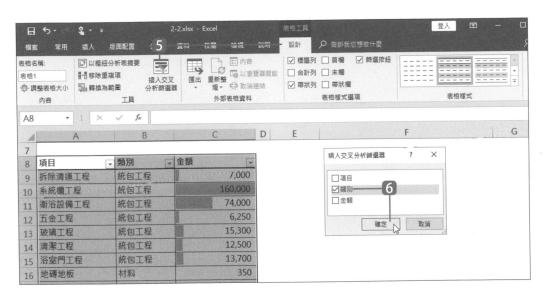

5️⃣ 選按 **表格工具** \ **設計** 索引標籤 \ **插入交叉分析篩選器** 開啟對話方塊。

6️⃣ 核選 **類別** 以類別做為要篩選的指標，選按 **確定** 新增交叉分析篩選器。

於新增的交叉分析篩選器中選按要篩選的項目，即可以看到左側的資料只顯示指定的類別；選按 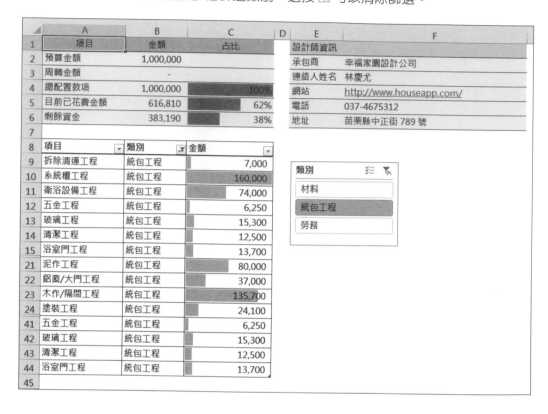 可以同時選按多個篩選類別，選按 可以清除篩選。

在完成的家庭裝潢預算表中可以看到裝潢目前支出與總預算比例，再將各項花費記錄以色塊標示出比例多寡，更容易掌握花費與裝潢項目。

貸款、分期精算評估

斤斤計較才能累積財富

手機資費、汽車貸款、各式各樣的分期付款方案,一不小心
就會掉入商人們的陷阱,依自己的能力選擇最適合的方案,
才不會當冤大頭。

3.1 手機綁約方案比一比

輸入各家電信業者的資費，幫你算出最划算的方案。

◉ 範例分析

Q 每到有新手機上市時，各大電信業者紛紛推出優惠專案，到底哪個方案最划算呢？

A 千萬別被表象數字給騙了，細算每個月的平均費用才能找出最優惠的方案。

此份電信資費比較表，分別輸入了三大電信業者的月租費與約期，加上手機優惠價後，計算每月平均月租費，比較出最便宜的電信業者資費方案。

輸入各電信業者所提供資費資訊，包含 **型號**、**月租費**、**約期**、**手機優惠價**...等。

電信公司	A 電信		B 電信		C 電信	
型號	64G	256G	64G	256G	64G	256G
月租費	799	799	799	799	799	799
約期	24	24	36	36	30	30
月租費總金額	19,176	19,176	28,764	28,764	23,970	23,970
手機優惠價	23,100	28,700	22,000	28,500	21,500	28,200
空機價	28,900	34,500	28,900	34,500	28,900	34,500
流量	9G		9G		9G	
吃到飽優惠	前 12 個月吃到飽		前 12 個月吃到飽		前 12 個月吃到飽	
綁約與手機總金額(元)	42,276	47,876	50,764	57,264	45,470	52,170
每月平均月租費(元)	557	557	607	632	552	589
備註	網內每通前 7 分鐘通話免費，網外資費內含免費 40 分鐘。		網內前 10 分鐘免費，網外送 40 分鐘。		網內前 5 分鐘免費，網外送 30 分鐘。	

iPhone Xs 三大電信資費計算

已知 **月租費**、**約期** 計算綁約期間支出的 **月租費總金額**

計算綁約與購買手機後，每個月月租費的平均金額。

已知 **月租費總金額** 和 **手機優惠價**，計算 **綁約與手機總金額**。

此範例以相同 **月租費**、**型號** 但不同 **約期**、**手機優惠價** 情況下，比較三家電信資費方案：

	月租費	型號	約期	手機優惠價	空機價
A 電信	799	64 G	24 期	23100	28900
		256 G	24 期	28700	34500
B 電信	799	64 G	36 期	22000	28900
		256 G	36 期	28500	34500
C 電信	799	64 G	30 期	21500	28900
		256 G	30 期	28200	34500

● 立即試算

輸入資費方案的值

於範例原始檔中已預先設計好電信資費項目與表單配置，上方是手機綁約的月費表，下方是搭配購買手機的優惠價格，接著輸入手機 **型號**、**月租費**、**約期**、**手機優惠價**、**空機價**...等相關內容。

	A	B	C	D	E	F	G	H
1	iPhone Xs 三大電信資費計算							
2	電信公司	A 電信		B 電信		C 電信		
3	型號	64G	256G	64G	256G	64G	256G	
4	月租費	799	799	799	799	799	799	
5	約期	24	24	36	36	30	30	
6	月租費總金額							
7								
8	手機優惠價	23,100	28,700	22,000	28,500	21,500	28,200	
9	空機價	28,900	34,500	28,900	34,500	28,900	34,500	
10	流量	9G		9G		9G		
11	吃到飽優惠	前 12 個月吃到飽		前 12 個月吃到飽		前 12 個月吃到飽		

計算綁約期間月租費總金額

- 月租費總金額 = 月租費 × 約期。

	A	B	C	D
1			iPhone Xs 三大電信	
2	電信公司	A 電信		
3	型號	64G	256G	64G
4	月租費	799	799	
5	約期	24	24	
6	月租費總金額	=B4*B5		

1 選取 B6 儲存格計算綁約期間月租費總金額，輸入公式：
=B4*B5。

2 按住 B6 儲存格右下角的 **填滿控點** 往右拖曳，至 G6 儲存格再放開滑鼠左鍵，完成各資費方案的月租費總金額計算。

3 選取 B6：G6 儲存格範圍，選按 **常用** 索引標籤 \ ⬛，讓數值顯示千分位符號。

4 選按二次 ⬛，讓數值以無小數位數的整數呈現。

計算綁約與手機總金額

- 綁約與手機總金額 = 月租費總金額 + 手機優惠價

▲	A	B	C	D	E	F	G	H
1	iPhone Xs 三大電信資費計算							
2	電信公司	A 電信		B 電信		C 電信		
3	型號	64G	256G	64G	256G	64G	256G	
4	月租費	799	799	799	799	799	799	
5	約期	24	24	36	36	30	30	
6	月租費總金額	19,176	19,176	28,764	28,764	23,970	23,970	
7								
8	手機優惠價	23,100	28,700	22,000	28,500	21,500	28,200	
9	空機價	28,900	34,500	28,900	34,500	28,900	34,500	
10	流量	9G		9G		9G		
11	吃到飽優惠	前 12 個月吃到飽		前 12 個月吃到飽		前 12 個月吃到飽		
12								
13	綁約與手機總金額	=B6+B8						

1 選取 B13 儲存格計算 **綁約與手機總金額**，輸入公式：**=B6+B8**。

▲	A	B	C	D	E	F	G	H
10	流量	9G		9G		9G		
11	吃到飽優惠	前 12 個月吃到飽		前 12 個月吃到飽		前 12 個月吃到飽		
12								
13	綁約與手機總金額(元)	42,276	47,876	50,764	57,264	45,470	52,170	
14	每月平均月租費(元)							
15								

2 按住 B13 儲存格右下角的 **填滿控點** 往右拖曳，至 G13 儲存格再放開滑鼠左鍵，完成各資費方案在綁約期間，基本資費與搭配購買手機所花費的總金額計算 (不包含其他衍生費用)。

計算平均月租費用

綁約與手機總金額，扣除掉 **空機價** 就可算出總共繳了多少月租費，再除以 **約期** 可得出 **每月平均月租費**，以此比較出最划算的方案。

■ 每月平均月租費 = (綁約與手機總金額 − 空機價) ÷ 約期

▲	A	B	C	D	E	F	G	H
3	型號	64G	256G	64G	256G	64G	256G	
4	月租費	799	799	799	799	799	799	
5	約期	24	24	36	36	30	30	
6	月租費總支出	19,176	19,176	28,764	28,764	23,970	23,970	
7								
8	手機優惠價	23,100	28,700	22,000	28,500	21,500	28,200	
9	空機價	28,900	34,500	28,900	34,500	28,900	34,500	
10	流量	9G		9G		9G		
11	吃到飽優惠	前 12 個月吃到飽		前 12 個月吃到飽		前 12 個月吃到飽		
12								
13	綁約與手機總金額(元)	42,976	47,876	50,764	57,264	45,470	52,170	
14	每月平均月租費(元)	=(B13-B9)/B5						
15								

1 選取 B14 儲存格，輸入公式：**=(B13-B9)/B5**。

▲	A	B	C	D	E	F	G	H
5	約期	24	24	36	36	30	30	
6	月租費總金額	19,176	19,176	28,764	28,764	23,970	23,970	
7								
8	手機優惠價	23,100	28,700	22,000	28,500	21,500	28,200	
9	空機價	28,900	34,500	28,900	34,500	28,900	34,500	
10	流量	9G		9G		9G		
11	吃到飽優惠	前 12 個月吃到飽		前 12 個月吃到飽		前 12 個月吃到飽		
12								
13	綁約與手機總金額(元)	42,276	47,876	50,764	57,264	45,470	52,170	
14	每月平均月租費(元)	557.3333333	557.3333333	607.3333333	632.3333333	552.3333333	589.00	

2 按住 B14 儲存格右下角的 **填滿控點** 往右拖曳，至 G14 儲存格再放開滑鼠左鍵，完成每月平均月租費計算。

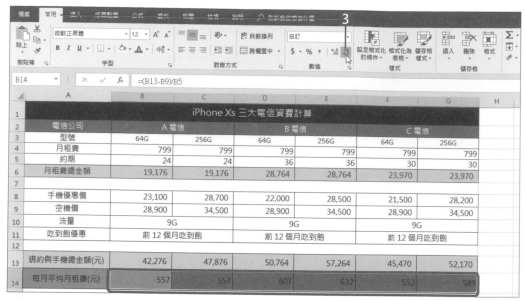

B14 | =(B13-B9)/B5

	A	B	C	D	E	F	G	H
1	iPhone Xs 三大電信資費計算							
2	電信公司	A 電信		B 電信		C 電信		
3	型號	64G	256G	64G	256G	64G	256G	
4	月租費	799	799	799	799	799	799	
5	約期	24	24	36	36	30	30	
6	月租費總金額	19,176	19,176	28,764	28,764	23,970	23,970	
7								
8	手機優惠價	23,100	28,700	22,000	28,500	21,500	28,200	
9	空機價	28,900	34,500	28,900	34,500	28,900	34,500	
10	流量	9G		9G		9G		
11	吃到飽優惠	前 12 個月吃到飽		前 12 個月吃到飽		前 12 個月吃到飽		
12								
13	綁約與手機總金額(元)	42,276	47,876	50,764	57,264	45,470	52,170	
14	每月平均月租費(元)	557	557	607	632	552	589	

3 選取 B14：G14 儲存格範圍，選按 **常用** 索引標籤 \ ，讓數值成為整數。

試算完後，得出型號 64G 為 C 電信最優惠，然而 C 電信須綁約 30 個月，而 A 電信的每月平均月租費只比 C 電信貴了 5 元，可是只要綁約 24 個月，如果你是經常換手機的使用者，不想綁太長的約期也可以考慮 A 電信；

而 256G 為 A 電信最優惠，又發現 A 電信的 64G 與 256G 平均月租費是相同的，若經濟許可，只要再補手機差額 5600 元就可以直上 256G。

由此也可評估是購機綁新約比較好呢？還是買空機續舊約比較好？假設你本來的資費為月租 499 吃到飽，那買空機續舊約會比購機綁新約划算，但如果舊約月租費高於 C 或 A 電信的平均月租費，那購機綁新約會是較佳的選擇。

若要比較其他資費方案，只要重新輸入月租費、手機優惠價，就可以算出最優惠的方案，讓你輕鬆購機不燒腦。

另外，也可以把各電信資費方案每個月的網路流量或是通話費記錄在 **備註** 欄位中，挑選方案時也能參考這些優惠內容做為選擇依據。

iPhone Xs 三大電信資費計算						
電信公司	A 電信		B 電信		C 電信	
型號	64G	256G	64G	256G	64G	256G
月租費	1399	1399	1399	1399	1399	1399
約期	24	30	24	30	24	30
月租費總金額	33,576	41,970	33,576	41,970	33,576	41,970
手機優惠價	17,900	23,500	17,900	23,600	17,500	23,400
空機價	28,900	34,500	28,900	34,500	28,900	34,500
流量	9G		9G		9G	
吃到飽優惠	前 12 個月吃到飽		前 12 個月吃到飽		前 12 個月吃到飽	
綁約與手機總金額(元)	51,476	65,470	51,476	65,570	51,076	65,370
每月平均月租費(元)	941	1032	941	1036	924	1029
備註	網內每通前 7 分鐘通話免費，網外資費內含免費 40 分鐘。		網內前 10 分鐘免費，網外送 40 分鐘。		網內前 5 分鐘免費，網外送 30 分鐘。	

超低月付車貸，利息付了多少自己算

低頭款、低月付車貸看似輕鬆入主，其實已繳了不少借款利息。

◉ 範例分析

Q "零利率輕鬆付款"、"月付 8,888，讓你輕鬆入主"，買車真的很輕鬆嗎？

A 這些台詞常常在車商廣告中見到，羊毛出在羊身上，零利率表示有現金折價空間，低月付可能有高利息或高尾款的陷阱，車商一定不會告訴你到底多賺了你多少利息。

此份超低月付車貸計算表，是許多車商最常用的車貸優惠，乍看之下輕鬆月付可吸引許多首購族想要入主第一部車，但是看似輕鬆繳的優惠價，可不一定划算。

輸入各項文字說明、**現金車價** 及 **頭期款** 金額。　　合計所有支出的金額，再算出實際利息金額。

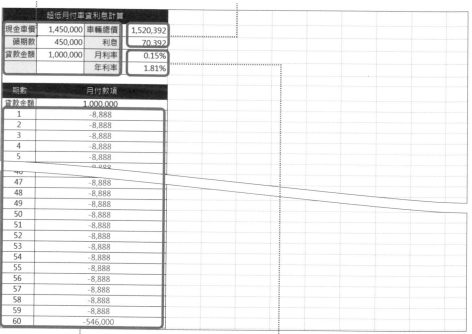

超低月付車貸利息計算			
現金車價	1,450,000	車輛總價	1,520,392
頭期款	450,000	利息	70,392
貸款金額	1,000,000	月利率	0.15%
		年利率	1.81%

期數	月付款項
貸款金額	1,000,000
1	-8,888
2	-8,888
3	-8,888
4	-8,888
5	-8,888
	-8,888
46	
47	-8,888
48	-8,888
49	-8,888
50	-8,888
51	-8,888
52	-8,888
53	-8,888
54	-8,888
55	-8,888
56	-8,888
57	-8,888
58	-8,888
59	-8,888
60	-546,000

輸入各期數應繳金額，由於是支出費用所以金額以負數表示。　　設定儲存格為百分比，再用 **IRR** 函數傳回現金流量的報酬率，計算 **月利率** 與 **年利率**。

此範例以自備款 45 萬，貸款金額 100 萬購買百萬高級房車，貸款的部份車商給予 "月付 8888，輕鬆入主" 優惠，60 期月付 8888、尾款 54 萬 6000：

	自備款	貸款金額	期數	月付	尾款金額
8888 專案	450,000	1,000,000	60	8,888 (59期)	546,000

● 立即試算

輸入車貸專案的數值

於範例原始檔中已預先設計好超低月付車貸項目與表單配置，接著輸入 **現金車價**、**頭期款**、每期 **月付金額** 與最後一期金額 (尾款金額)。

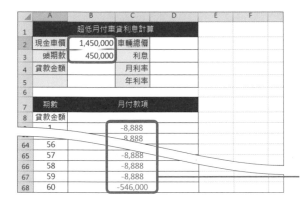

月付款項 屬於支出費用，所以金額以負數表示。

計算貸款金額

■ 貸款金額 = 現金車價 - 頭期款。

1 選取 B4 儲存格計算要貸款的金額，輸入公式：**=B2-B3**。

2 選取 B8 儲存格輸入：**=B4**，代表一開始拿到的貸款金額。

計算總價與利息

- 車輛總價 = 總月付金額 + 尾款金額 + 頭期款。

- 利息 = 車輛總價 − 現金車價。

1 選取 D2 儲存格，計算車輛總金額，輸入公式:

=-SUM(B9:D68)+B3

因為此表單下方的 **月付款項** 是以負數呈現支出金額，因此此處加上負號讓加總後轉為正值。

2 選取 D3 儲存格計算利息，即超低月付車貸所多付的金額，輸入公式：**=D2-B2**。

計算月利率與年利率

用 **IRR** 函數計算所有的現金流量，得出實際 **月利率** 與 **年利率**。

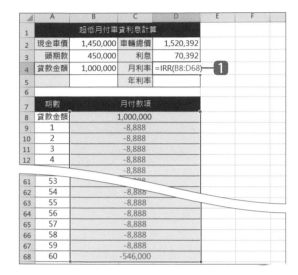

1 選取 D4 儲存格，用 **IRR** 函數計算 **月利率**，輸入公式：
=IRR(B8:D68)。

IRR 函數

說明：計算報酬率。

格式：**IRR(範圍,預估值)**

引數：**範圍**　　將現金流量數值以儲存格範圍指定，必須至少包含一個正數和一個負數。

　　　　　預估值　近於 **IRR** 結果的預估數值，可省略不輸入。

超低月付車貸利息計算			
現金車價	1,450,000	車輛總價	1,520,392
頭期款	450,000	利息	70,392
貸款金額	1,000,000	月利率	0.15%
		年利率	=D4*12 — **2**
期數	月付款項		
貸款金額	1,000,000		
1	-8,888		
2	-8,888		

2 選取 D5 儲存格計算 **年利率**，輸入公式：**=D4*12**。

完成計算後年利率為 1.81%，相當於向銀行以貸款利率 1.81% 貸 100 萬來購車，期間總共繳了 7 萬多的利息，可以依此金額與利率比較零利率購車，或是超低利率購車方案，再看看哪一個方案最優惠且最適合自己。

超低月付車貸利息計算			
現金車價	1,450,000	車輛總價	1,520,392
頭期款	450,000	利息	70,392
貸款金額	1,000,000	月利率	0.15%
		年利率	1.81%
期數	月付款項		
貸款金額	1,000,000		
1	-8,888		
2	-8,888		
3	-8,888		
4	-8,888		
5	-8,888		
6	-8,888		
7	-8,888		
8	-8,888		
9	-8,888		
10	-8,888		

請注意：超低月付方案的尾款金額可能會很高，有可能在支付尾款時因無法支付而考慮再貸款，錢滾錢的利息會很驚人，總車價也會更高。

且有些超低月付的車貸方案可能只有第 1 年有超低月付優惠，之後月付金額會提高至銀行指定的額度。

Tips

名詞說明：年利率
所謂利率是 "利息率" 的簡稱，指按年計息的利率，是於一定期限內利息金額與存款本金或貸款本金的比率。

3.3 創業貸款與還款計劃

想擴展事業缺資金？簡單試算並規劃還款計劃，讓創業過程無負擔。

● 範例分析

Q 新創的公司起步總是比較難，如果沒富爸爸的支援，萬一出現資金缺口時該如何是好？

A 許多銀行都有提供創業貸款，政府也有提供低利創業貸款，一個是經濟部所推出的 "青年創業及啟動金貸款"，另一個是由勞動部推出的 "微型創業鳳凰貸款"。主要差別是兩者輔助對象的不同，經濟部的創業貸款輔助對象是 20 歲至 45 歲的國民，可貸款金額較高，最高可以貸到 1800 萬；勞動部的創業鳳凰對象則是婦女與中高齡創業者，可貸款金額則以 100 萬為限。

此份青年創業貸款的試算表，在申辦前先試算借貸金額應付的利息與每月需償還的金額，藉以規劃資金的運作與調度，讓你在擴展事業的同時也能精準掌握財務狀況。

輸入 **貸款金額、年限、利率**...等相關資訊。

用 **IF** 函數判斷並計算寬限期利息，再用 **PMT** 函數計算非寬限期內需償還的金額

青年創業貸款試算	
貸款金額	$600,000
償還年限	5
利率	1.67%
寬限期數 (年)	1
寬限期每月應償還金額	-$835
非寬限期數 (年)	4
非寬限期每月應償還金額	-$12,931
提前還款試算	
本金償還期數 (月)	48
已償還年數	1
已償還月數	8
已償還期數 (月)	20
本金已償還期數 (月)	8
本金已償還金額	-$97,239
提前還款	$50,000
本金餘額	$452,761
每月應償還金額	-$11,645
機動利率	
利率	1.72%
本金餘額	$452,761
每月應償還金額	-$11,655

用 **PMT** 函數計算 **每月需償還的金額**

用 **CUMPRINC** 函數計算 **本金已償還金額**

透過已償還年數與月數計算 **本金已償還期數 (月)**

此範例以貸款金額 60 萬、利率 1.67%，以如下年限與期數為例試算：

	貸款金額	利率	償還年限	寬限期數	非寬限期數
青年創業貸款專案	600,000	1.67%	5	1	4

● 立即試算

輸入貸款方案的數值

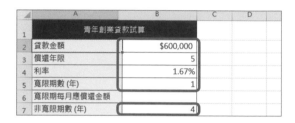

於範例原始檔中已預先設計好的創業貸款試算資料與表單配置，接著請輸入 **貸款金額**、**償還年限**、**利率**...等相關數值。

計算寬限期與非寬限期每月應償還的金額

用 **IF** 函數判斷此貸款是否有寬限期，若有寬限期則計算寬限內每月應償金額；再搭配 **PMT** 函數計算非寬限期每月應償還的金額。

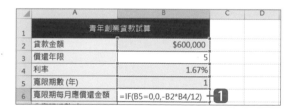

1 選取 B6 儲存格計算 **寬限期每月應償還金額**，輸入公式：
=IF(B5=0,0,-B2*B4/12)。

利率 為年息所以要 ÷ 12

Tips

名詞説明：寬限期

所謂寬限期是指 "還息不還本的期間"，在寬限期內，每期只需繳交貸款利息，不需要攤還本金，每月要繳的金額比較少，壓力比較輕。一般銀行會提供 2 年的寬限期，不過，當寬限期屆滿後，每月除了攤還利息之外也須攤還本金，也將增加每月還款負擔。

2 選取 B8 儲存格，用 **PTM** 函數計算 **非寬限期每月應償還的金額**，輸入公式：
=PMT(B4/12,B7*12,B2)。

> **非寬限期數** 期數為年，所以要 × 12

試算可知 60 萬的青年創業貸款在第 1 年寬限期內，每個月只要償還 835 元利息，而在非寬限期時，連同本金每月應償還金額為 12931 元。

IF 函數

說明：**IF** 函數是一個判斷式，可依條件判定的結果分別處理，假設儲存格的值檢驗為 TRUE (真) 時，執行條件成立時的命令，反之 FALSE (假) 則執行條件不成立時的命令。

格式：**IF(條件,條件成立,條件不成立)**

引數：**條件**　　　　使用比較運算子的邏輯式設定條件判斷式。

　　　　條件成立　　若符合條件時的處理方式或顯示的值。

　　　　條件不成立　若不符合條件時的處理方式或顯示的值。

PMT 函數

說明：計算存款或償還的定期支付金額。

格式：**PMT(利率,總期數,現在價值,未來價值,類型)**

引數：**利率**　　　每期的利率，年繳為年利率，月繳為月利率 (年利率 / 12)。

　　　　總期數　　付款的總次數，年繳為年數，月繳為月數 (年數 × 12)。**利率** 和 **總期數** 的時間單位需相同，期數若以月為單位，利率也要指定成月息。

　　　　現在價值　即期初餘額，若是省略將被視為 0。

　　　　未來價值　即期數結束後的金額，若是省略將被視為 0。

　　　　類型　　　支付的時間點，1 為期初支付；0 或省略為期末支付。

計算本金已償還期數與金額

經過一段時間後，想了解總共繳了幾期？已償還了多少本金？可透過以下公式與 CUMPRINC 函數試算。

- 本金償還期數 (月) = 非寬限期數 (年) × 12

- 已償還期數 (月) = 已償還年數 × 12 + 已償還月數

- 本金已償還期數 = 已償還期數 (月) − 寬限期數 (年) × 12

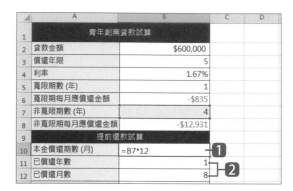

1. 選取 B10 儲存格計算 **本金償還期數(月)**，輸入公式：**=B7*12**。

2. 分別選取 B11 與 B12 儲存格輸入目前已償還的年數與月數。

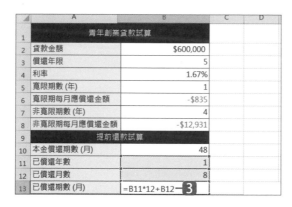

3. 選取 B13 儲存格計算 **已償還期數**，輸入公式：**=B11*12+B12**。

4. 選取 B14 儲存格計算 **本金已償還期數 (月)**，輸入公式：**=B13-B5*12**。

	A	B	C	D
1	青年創業貸款試算			
2	貸款金額	$600,000		
3	償還年限	5		
4	利率	1.67%		
5	寬限期數 (年)	1		
6	寬限期每月應償還金額	-$835		
7	非寬限期數 (年)	4		
8	非寬限期每月應償還金額	-$12,931		
9	提前還款試算			
10	本金償還期數 (月)	48		
11	已償還年數	1		
12	已償還月數	8		
13	已償還期數 (月)	20		
14	本金已償還期數 (月)	8		
15	本金已償還金額	⑤ =CUMPRINC(B4/12,B10,B2,1,B14,0)		

▶

	A	B	C	
1	青年創業貸款試算			
2	貸款金額	$600,000		
3	償還年限	5		
4	利率	1.67%		
5	寬限期數 (年)	1		
6	寬限期每月應償還金額	-$835		
7	非寬限期數 (年)	4		
8	非寬限期每月應償還金額	-$12,931		
9	提前還款試算			
10	本金償還期數 (月)	48		
11	已償還年數	1		
12	已償還月數	8		
13	已償還期數 (月)	20		
14	本金已償還期數 (月)	8		
15	本金已償還金額	-$97,239		

⑤ 選取 B15 儲存格，用 **CUMPRINC** 函數計算 **本金已償還金額**，輸入公式：
=CUMPRINC(B4/12,B10,B2,1,B14,0)。

CUMPRINC 函數

說明：傳回一筆貸款在開始期與終止期間所支付的累計本金。

格式：**CUMPRINC(利率,繳納次數,現值,開始期,終止期,類型)**

引數：**利率**　　　每期的利率，年繳為年利率，月繳為月利率 (年利率 / 12)。

　　　繳納總數　到繳納結束為止需要的總期數。

　　　現值　　　貸款金額。

　　　開始期　　最初繳納的期數，正常情況下要指定為 1。

　　　終止期　　最後繳納的期數，若是比 1 小會產生錯誤值。

　　　類型　　　支付的時間點，1 為期初支付；0 為期末支付；省略會產生錯誤值。

計算提前還款後每月需償還的金額

努力經營事業後，有了一筆額外的利潤，可提前償還部分本金，降低 **非寬限期每月應償還金額**，減少貸款的負擔。

- 本金餘額 = 貸款金額 + 本金已償還金額 - 提前還款金額

1 選取 B17 儲存格計算 **本金餘額**，輸入公式：**=B2+B15-B16**。

2 選取 B16 儲存格，輸入欲 **提前還款** 的金額 (例如 50000)，本金餘額會減少為 45 萬 2761 元。

3 選取 B18 儲存格計算提前還款後的 **每月應償還金額**，輸入公式：**=PMT(B4/12,B7*12-B14,B17)**。

	A	B	C	D
10	本金償還期數 (月)	48		
11	已償還年數	1		
12	已償還月數	8		
13	已償還期數 (月)	20		
14	本金已償還期數 (月)	8		
15	本金已償還金額	-$97,239		
16	提前還款	$50,000		
17	本金餘額	$452,761		
18	每月應償還金額	-$11,645		
19	機動利率			

當提前還款 5 萬時，由於 **本金餘額** 減少，相對地下一期利息計算就會變更，所以每月應償還金額也會跟著降低。

提前還款的償還限制會依銀行有不一樣的規定，例如在寬限期限內無法提前還款，或是 1 年間有限制償還的次數，相關規定以貸款銀行的規定為準。

計算機動利率的金額

以青創貸款來說，大部分銀行現行貸款利率都為機動型利率，利率方案大都是以 "郵政儲金 2 年期定期儲金" 機動利率，再加上年息 0.575%，如果在償還期間遇到利率變更時，可依如下操作計算新的償還金額。

	A	B	C	D
10	本金償還期數 (月)	48		
11	已償還年數	1		
12	已償還月數	8		
13	已償還期數 (月)	20		
14	本金已償還期數 (月)	8		
15	本金已償還金額	-$97,239		
16	提前還款	$50,000		
17	本金餘額	$452,761		
18	每月應償還金額	-$11,645		
19	機動利率			
20	利率	1.72%		
21	本金餘額			
22	每月應償還金額			
23				

1 選取 B20 儲存格，輸入新的 **利率** 數值。

	A	B	C	D
10	本金償還期數 (月)	48		
11	已償還年數	1		
12	已償還月數	8		
13	已償還期數 (月)	20		
14	本金已償還期數 (月)	8		
15	本金已償還金額	-$97,239		
16	提前還款	$50,000		
17	本金餘額	$452,761		
18	每月應償還金額	-$11,645		
19	機動利率			
20	利率	1.72%		
21	本金餘額	=B17		
22	每月應償還金額			
23				

2 選取 B21 儲存格，輸入：**=B17**。

▲	A	B	C	D
10	本金償還期數 (月)	48		
11	已償還年數	1		
12	已償還月數	8		
13	已償還期數 (月)	20		
14	本金已償還期數 (月)	8		
15	本金已償還金額	-$97,239		
16	提前還款	$50,000		
17	本金餘額	$452,761		
18	每月應償還金額	-$11,645		
19	機動利率			
20	利率	1.72%		
21	本金餘額	$452,761		
22	每月應償還金額	=PMT(B20/12,B7*12-B14,B21)		
23				

3 選取 **B22** 儲存格計算 **每月應償還金額**，輸入公式：**=PMT(B20/12,B7*12-B14,B21)**。

▼

▲	A	B	C	D
15	本金已償還金額	-$97,239		
16	提前還款	$50,000		
17	本金餘額	$452,761		
18	每月應償還金額	-$11,645		
19	機動利率			
20	利率	1.72%		
21	本金餘額	$452,761		
22	每月應償還金額	-$11,655		
23				
24				

青年創業貸款是屬於 "信貸"，通常是已經成立公司並有營收證明，當銀行認定你的公司已正常營運才會核貸，當核貸成功後，金流的掌握更加重要，唯有精打細算並按時還款，才能讓公司永續經營。

Tips

名詞說明：固定利率與機動利率

固定利率：是指在貸款期間內，不管利率上升或下降，都按照一開始的利率固定計息。

機動利率：是指在貸款期間內，若遇到利率調整，不管利率上升或下降，一律都使用最新的利率。

房屋貸款精打細算不踩雷

每間銀行的貸款利率、攤還方式都略差異，找出最適合自己的方案。

● 範例分析

Q 可能長達二、三十年的貸款可要好好精打細算，該怎麼選擇適合自己的房貸方案呢？

A 每一家銀行的貸款不盡相同，哪間銀行的利率較好？哪個方案利息較少？精算出每個月應償還的金額，找出最適合的方案，才不會被房貸壓垮。

此份房屋貸款方案試算表，詳列出 A、B、C 三間銀行的貸款利率、年限、分段式利率…等相關資料，藉此計算每期需償還的金額與實際貸款利率、利息總繳金額，再評估哪一間銀行的貸款方案最適合自己的現況。

輸入各項文字說明、**貸款金額**、**開辦費用**、**貸款年限**...等相關資料。

用 **IRR** 函數計算 **實際貸款利率**；用 **SUM** 函數計算 **利息總繳金額**。

房屋貸款規劃試算			
房屋貸款方案		利率與利息總繳金額	
貸款金額	$8,000,000	前 6 期	1.74%
開辦費用	$5,000	7~12期	1.94%
貸款年限	20	13 期以後	2.21%
寬限期 (年)	3		
貸款起始日	107年7月17日	實際貸款利率	2.18%
		利息總繳金額	$2,104,758

期數	繳款日期	機動利率	利率	本金償還	利息償還	月繳總額	提前還款	貸款餘額
0	107年7月17日					$7,995,000		$8,000,000
1	107年8月17日		1.74%	$0	$11,600	-$11,600		$8,000,000
2	107年9月17日		1.74%	$0	$11,600	-$11,600		$8,000,000
3	107年10月17日		1.74%	$0	$11,600	-$11,600		$8,000,000
4	107年11月17日		1.74%	$0	$11,600	-$11,600		$8,000,000
	107年12月17日		1.74%	$0	$11,600	-$11,600		$8,000,000
231	126年10月17日					-$12,933		$8,000,000
232	126年11月17日		2.21%	$46,305				$8,000,000
233	126年12月17日		2.21%	$46,390	$688	-$47,078		
234	127年1月17日		2.21%	$46,476	$602	-$47,078		$280,658
235	127年2月17日		2.21%	$46,561	$517	-$47,078		$234,096
236	127年3月17日		2.21%	$46,647	$431	-$47,078		$187,449
237	127年4月17日		2.21%	$46,733	$345	-$47,078		$140,716
238	127年5月17日		2.21%	$46,819	$259	-$47,078		$93,897
239	127年6月17日		2.21%	$46,905	$173	-$47,078		$46,992
240	127年7月17日		2.21%	$46,992	$87	-$47,078		$0

輸入貸款期數

用 **DATE** 函數推算每期的繳款日期

用 **IF** 函數判斷使用 **分段式利率** 或 **機動利率** 計息

用 **IF** 函數判斷是否有提前還款，再計算每期 **本金償還**、**利息償還** 以及 **貸款餘額**；再用 **PMT** 函數計算 **月繳總額**。

此範例為 800 萬房屋貸款，三家銀行不同的利率及攤還年數，找出最適合自己的銀行貸款方案：

	A 銀行	B 銀行	C 銀行
貸款金額	8,000,000		
開辦費用	5000	5500	5300
貸款年限	20	20	30
寬限期 (年)	3	3	3
利率 (機動計息)	前 6 期 1.74% 7~12期 1.94% 13 期以後 2.21%	1~24 期 1.84% 25~240 期 1.99%	1~24 期 1.44% 25~360 期 1.74%

● 立即試算

輸入房屋貸款的數值

於範例原始檔中已預先設計好房屋貸款試算資料與表單配置，接著於 **A 銀行** 工作表輸入 **貸款金額**、**開辦費用**、**貸款年限**、**利率**、**期數**...等相關內容。

1️⃣ 輸入資料後，再選取 A11 儲存格，輸入：「0」。

2️⃣ 按住 A11 儲存格右下角的 **填滿控點**，再按住 **Ctrl** 鍵不放，往下拖曳，至 A251 儲存格再放開滑鼠左鍵，完成 **1~240 期的編號填滿 (貸款年限 20 年即 240 期)**。

取得繳款日期

利用 **DATE** 函數取得每個月的 **繳款日期**。

1. 選取 B7 儲存格，輸入 **貸款起始日** 日期。(如：2018/7/18)

2. 選取 B11 儲存格，輸入：**=B7**。

3. 選取 B12 儲存格，用 **DATE** 函數計算第 1 期的 **繳款日期**，輸入公式：
   =DATE(YEAR(B11),MONTH(B11)+1,DAY(B11))。

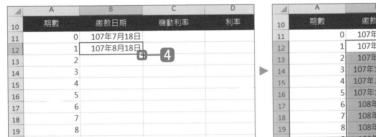

4. 選取 B12 儲存格，於右下角的 **填滿控點** 上連按二下滑鼠左鍵，會自動往下複製直
   到 **期數** 的最後一筆資料列。(要使用連按二下滑鼠左鍵填滿資料時，需先在相鄰的
   儲存格範圍建置好資料。)

DATE 函數

説明：將指定的年、月、日數字轉換成代表日期的序列值。

格式：**DATE(年,月,日)**

判斷使用的利率

A 銀行提供的房貸方案是分段式利率 (機動計息)，用 **IF** 函數判斷利息的計算是使用分段式利率或機動利率，若為分段式利率需於指定期數套用指定的利率。

	A	B	C	D	E	F	G	H	I
1		房屋貸款規劃試算							
2	房屋貸款方案		利率與利息總繳金額						
3	貸款金額	$8,000,000	前 6 期	1.74%					
4	開辦費用	$5,000	7~12期	1.94%					
5	貸款年限	20	13 期以後	2.21%					
6	寬限期 (年)	3							
7	貸款起始日	107年7月18日	實際貸款利率						
8			利息總繳金額						
9									
10	期數	繳款日期	機動利率	利率	本金償還	利息償還	月繳總額	提前還款	貸款
11	0	107年7月18日							
12	1	107年8月18日		=IF(C12="",$D$3,C12) —❶					
13	2	107年9月18日							

❶ 選取 D12 儲存格，用 **IF** 函數判斷第 1 期利率值，輸入公式：
=IF(C12="",$D$3,C12)。

之後要複製此公式，所以利用絕對參照指定參照範圍。

	A	B	C	D	E	F	G	H	I
10	期數	繳款日期	機動利率	利率	本金償還	利息償還	月繳總額	提前還款	貸款
11	0	107年7月18日							
12	1	107年8月18日		1.74% ❷					
13	2	107年9月18日		1.74%					
14	3	107年10月18日		1.74%					
15	4	107年11月18日		1.74%					
16	5	107年12月18日		1.74%					
17	6	108年1月18日		1.74%					
18	7	108年2月18日							
	8	108年3月18日							

❷ 按住 D12 儲存格右下角的 **填滿控點** 往下拖曳，至 D17 儲存格再放開滑鼠左鍵，完成前 6 期利率為 1.74% 的試算。

IF 函數

説明：IF 函數是一個判斷式，可依條件判定的結果分別處理，假設儲存格的值檢驗為 TRUE (真) 時，執行條件成立時的命令，反之 FALSE (假) 則執行條件不成立時的命令。

格式：IF(條件,條件成立,條件不成立)

引數：**條件**　　　　使用比較運算子的邏輯式設定條件判斷式。

　　　條件成立　　若符合條件時的處理方式或顯示的值。

　　　條件不成立　若不符合條件時的處理方式或顯示的值。

◢	A	B	C	D	E	F	G	H	I
16	5	107年12月18日		1.74%					
17	6	108年1月18日		1.74%					
18	7	108年2月18日		=IF(C18="",$D$4,C18) —③					
19	8	108年3月18日							
20	9	108年4月18日							
21	10	108年5月18日							
22	11	108年6月18日							
23	12	108年7月18日							
24	13	108年8月18日							

③ 選取 D18 儲存格，一樣用 **IF** 函數判斷第 7 期利率值，輸入公式：

=IF(C18="",$D$4,C18)。

之後要複製此公式，所以利用絕對參照指定參照範圍。

◢	A	B	C	D	E	F	G	H	I
16	5	107年12月18日		1.74%					
17	6	108年1月18日		1.74%					
18	7	108年2月18日		1.94% ④					
19	8	108年3月18日		1.94%					
20	9	108年4月18日		1.94%					
21	10	108年5月18日		1.94%					
22	11	108年6月18日		1.94%					
23	12	108年7月18日		1.94%					
24	13	108年8月18日							
25	14	108年9月18日							
26	15	108年10月18日							

④ 按住 D18 儲存格右下角的 **填滿控點** 往下拖曳，至 D23 儲存格再放開滑鼠左鍵，完成 7~12 期利率為 1.94% 的試算。

Tips

名詞說明：分段式利率

房貸金額的壓力不小，與銀行簽訂房屋貸款契約時，記得先將利率分段方式、條款...等內容搞清楚。

銀行房貸利率一般分為 "一段式" 與 "分段式" 利率，一段式利率微幅波動較溫和，分段式利率則是前 1~3 年的房貸利率比較低，之後房貸利率則會比前 1~3 年略高，這樣對於申辦房屋貸款民眾的好處是前 3 年的購屋還款壓力會小一點，而這也正是各家銀行推出分段式房貸吸引民眾前來申辦的主要目的。但若你的財務狀況是比較穩定的，在意的是比較低的利率，那麼建議選擇一段式房貸；如果希望購屋初期不要承擔太重的繳款壓力那麼就可以選擇分段式的房貸方案。

▲	A	B	C	D	E	F	G	H	I
16	5	107年12月18日		1.74%					
17	6	108年1月18日		1.74%					
18	7	108年2月18日		1.94%					
19	8	108年3月18日		1.94%					
20	9	108年4月18日		1.94%					
21	10	108年5月18日		1.94%					
22	11	108年6月18日		1.94%					
23	12	108年7月18日		1.94%					
24	13	108年8月18日		=IF(C24="",$D$5,C24) **5**					
25	14	108年9月18日							

5 選取 D24 儲存格，一樣用 **IF** 函數判斷第 13 期利率值，輸入公式：
=IF(C24="",$D$5,C24)。

之後要複製此公式，所以利用絕對參照指定參照範圍。

▲	A	B	C	D	E	F	G	H	I
24	13	108年8月18日		2.21% **6**					
25	14	108年9月18日		2.21%					
26	15	108年10月18日		2.21%					
27	16	108年11月18日		2.21%					
28	17	108年12月18日		2.21%					
29	18	109年1月18日		2.21%					
	19	109年2月18日		2.21%					
246	235	127年2月18日		2.21%					
247	236	127年3月18日		2.21%					
248	237	127年4月18日		2.21%					
249	238	127年5月18日		2.21%					
250	239	127年6月18日		2.21%					
251	240	127年7月18日		2.21%					

6 按住 D24 儲存格右下角的 **填滿控點** 往下拖曳，至 D251 儲存格再放開滑鼠左鍵，
完成 13 期後利率為 2.21% 的試算。

計算本金償還的金額

用 **IF** 函數判斷有沒有 **提前還款**，以計算 **本金償還** 的金額，：

■ 沒有提前還款：本金償還 = 月繳總額 − 利息償還。

■ 有提前還款：本金償還 = 月繳總額 − 利息償還 − 提前還款。

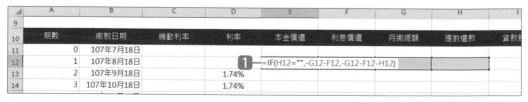

▲	A	B	C	D	E	F	G	H	I
9									
10	期數	繳款日期	機動利率	利率	本金償還	利息償還	月繳總額	提前還款	貸款餘
11	0	107年7月18日							
12	1	107年8月18日			**1** =IF(H12="",-G12-F12,-G12-F12-H12)				
13	2	107年9月18日		1.74%					
14	3	107年10月18日		1.74%					

1 選取 E12 儲存格，用 **IF** 函數判斷並計算 **本公償還** 金額，輸入公式：
=IF(H12="",-G12-F12,-G12-F12-H12)。

	A	B	C	D	E	F	G	H	I
10	期數	繳款日期	機動利率	利率	本金償還	利息償還	月繳總額	提前還款	貸款餘
11	0	107年7月18日							
12	1	107年8月18日		1.74%	$0				
		107年9月18日		1.74%	$0				
245	234	127年1月18日			$0				
246	235	127年2月18日		2.21%	$0				
247	236	127年3月18日		2.21%	$0				
248	237	127年4月18日		2.21%	$0				
249	238	127年5月18日		2.21%	$0				
250	239	127年6月18日		2.21%	$0				
251	240	127年7月18日		2.21%	$0				

2 選取 E12 儲存格，於右下角的 **填滿控點** 上連按二下滑鼠左鍵，會自動往下複製直
到 **本金償還** 的最後一筆資料列。

計算利息償還的金額

■ 利息償還 = 上一期貸款餘額 × (利率 ÷ 12)。

	C	D	E	F	G	H	I	J	K
7	實際貸款利率								
8	利息總繳金額								
9									
10	機動利率	利率	本金償還	利息償還	月繳總額	提前還款	貸款餘額		※繳款日期：=
11									※本金償還：=
12		1.74%	$0	=I11*(D12/12)					※利息償還：=
13		1.74%	$0						※月繳總額：=
14		1.74%	$0						※貸款餘額：前
15		1.74%	$0						※實際貸款利率
16		1.74%	$0						※利息總繳金額

1 選取 F12 儲存格，計算 **利息償還** 金額，輸入公式：**=I11*(D12/12)**

利率 由年利率轉為月利率，所以要 ÷ 12

	C	D	E	F	G	H	I
9							
10	機動利率	利率	本金償還	利息償還	月繳總額	提前還款	貸款餘額
11							
12		1.74%	$0	$0			
		1.74%	$0	$0			
245		2.21%	$0	$0			
246		2.21%	$0	$0			
247		2.21%	$0	$0			
248		2.21%	$0	$0			
249		2.21%	$0	$0			
250		2.21%	$0	$0			
251		2.21%	$0	$0			

2 選取 F12 儲存格，於右下角的 **填滿控點** 上連按二下滑鼠左鍵，會自動往下複製直
到 **利息償還** 的最後一筆資料列。

計算月繳總額

A 銀行的寬限期為 3 年，用 **IF** 函數判斷目前期數為 **寬限期** 或 **非寬限期**，以計算 **月繳總額**：

- 月繳總額第 0 期 = 貸款金額 − 開辦費用。

- 寬限期內：月繳總額 = 上一期貸款總額 × (利率 ÷ 12) − 提前還款。

- 非寬限期內：月繳總額 = 用 **PMT** 函數計算償還的定期金額 − 提前還款。

	A	B	C	D	E	F	G	H	I
1		房屋貸款規劃試算							
2	房屋貸款方案		利率與利息總繳金額						
3	貸款金額	$8,000,000	前 6 期	1.74%					
4	開辦費用	$5,000	7~12期	1.94%					
5	貸款年限	20	13 期以後	2.21%					
6	寬限期 (年)	3							
7	貸款起始日	107年7月18日	實際貸款利率						
8			利息總繳金額						
9									
10	期數	繳款日期	機動利率	利率	本金償還	利息償還	月繳總額	提前還款	貸款餘
11	0	107年7月18日					=B3-B4	①→	
12	1	107年8月18日		1.74%	$0	$0			

① 選取 G11 儲存格，計算 **月繳總額** 第 0 期 (貸款金額減去開辦費用)，輸入公式：**=B3-B4**。

	D	E	F	G	H	I	J	K	L	M
9										
10	利率	本金償還	利息償還	月繳總額	提前還款	貸款餘額				
11				$7,995,000						
12	1.74%	$0	②→ $	=IF(A12<=($B$6*12),-I11*(D12/12)-H12,PMT(D12/12,($B$5*12)-A11,I11)-H12)						
13	1.74%	$0	$0			$0				
14	1.74%	$0	$0			$0				
15	1.74%	$0	$0			$0				

② 選取 G12 儲存格，計算 **月繳總額** 第 1 期，輸入公式：**=IF(A12<=($B$6*12),-I11*(D12/12)-H12,PMT(D12/12,($B$5*12)-A11,I11)-H12)**。

PMT 函數

說明：計算存款或償還的定期支付金額。

格式：**PMT(利率,總期數,現在價值,未來價值,類型)**

	A	B	C	D	E	F	G	H	I
9									
10	期數	繳款日期	機動利率	利率	本金償還	利息償還	月繳總額	提前還款	貸款…
11	0	107年7月18日					$7,995,000		
12	1	107年8月18日		1.74%	$0	$0	$0		
13	2	107年9月18日		1.74%	$0	$0	$0		
		107年10月18日		1.74%	$0	$0	$0		
246	235	127年2月18日			$0	$0	$0		
247	236	127年3月18日		2.21%			$0		
248	237	127年4月18日		2.21%	$0	$0	$0		
249	238	127年5月18日		2.21%	$0	$0	$0		
250	239	127年6月18日		2.21%	$0	$0	$0		
251	240	127年7月18日		2.21%	$0	$0	$0		

③ 選取 G12 儲存格，於右下角的 **填滿控點** 上連按二下滑鼠左鍵，會自動往下複製直到 **月繳總額** 的最後一筆資料列。

計算貸款餘額

- 貸款餘額 = 上一期貸款餘額 − 本金償還 − 提前還款。

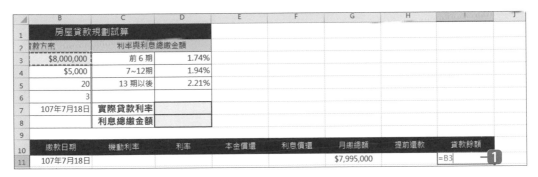

	B	C	D	E	F	G	H	I	J
1	房屋貸款規劃試算								
2	貸款方案	利率與利息總繳金額							
3	$8,000,000	前 6 期	1.74%						
4	$5,000	7~12期	1.94%						
5	20	13 期以後	2.21%						
6	3								
7	107年7月18日	實際貸款利率							
8		利息總繳金額							
9									
10	繳款日期	機動利率	利率	本金償還	利息償還	月繳總額	提前還款	貸款餘額	
11	107年7月18日					$7,995,000		=B3	

① 選取 I11 儲存格，計算第 0 期的 **貸款餘額** 金額，輸入公式：**=B3**。

	B	C	D	E	F	G	H	I	J
1	房屋貸款規劃試算								
2	貸款方案	利率與利息總繳金額							
3	$8,000,000	前 6 期	1.74%						
4	$5,000	7~12期	1.94%						
5	20	13 期以後	2.21%						
6	3								
7	107年7月18日	實際貸款利率							
8		利息總繳金額							
9									
10	繳款日期	機動利率	利率	本金償還	利息償還	月繳總額	提前還款	貸款餘額	
11	107年7月18日					$7,995,000		$8,000,000	
12	107年8月18日		1.74%	$0	$11,600	-$11,600		=I11-E12-H12	
13	107年9月18日		1.74%	$0	$0	$0			

② 選取 I12 儲存格，計算第 1 期的 **貸款餘額**，輸入公式：**=I11-E12-H12**。

	B	C	D	E	F	G	H	I	J
10	繳款日期	機動利率	利率	本金償還	利息償還	月繳總額	提前還款	貸款餘額	
11	107年7月18日					$7,995,000		$8,000,000	
12	107年8月18日		1.74%	$0	$11,600	-$11,600		$8,000,000	
13	107年9月18日		1.74%	$0	$11,600	-$11,600		$8,000,000	
			1.74%	$0	$0	$0		$8,000,000	
245	127年1月18日			$0	$0	$0		$8,000,000	
246	127年2月18日		2.21%		$0	$0		$8,000,000	
247	127年3月18日		2.21%	$46,647	$451			$8,000,000	
248	127年4月18日		2.21%	$46,733	$345	-$47,078			
249	127年5月18日		2.21%	$46,819	$259	-$47,078		$93,897	
250	127年6月18日		2.21%	$46,905	$173	-$47,078		$46,992	
251	127年7月18日		2.21%	$46,992	$87	-$47,078		$0	

3 選取 I12 儲存格，於右下角的 **填滿控點** 上連按二下滑鼠左鍵，會自動往下複製直到 **貸款餘額** 的最後一筆資料列。

期數	繳款日期	機動利率	利率	本金償還	利息償還	月繳總額	提前還款	貸款餘額
0	107年7月18日					$7,995,000		$8,000,000
1	107年8月18日		1.74%	$0	$11,600	-$11,600		$8,000,000
2	107年9月18日		1.74%	$0	$11,600	-$11,600		$8,000,000
3	107年10月18日		1.74%	$0	$11,600	-$11,600		$8,000,000
4	107年11月18日		1.74%	$0	$11,600	-$11,600		$8,000,000
5	107年12月18日		1.74%	$0	$11,600	-$11,600		$8,000,000
6	108年1月18日		1.74%	$0	$11,600	-$11,600		$8,000,000
7	108年2月18日		1.94%	$0	$12,933	-$12,933		$8,000,000
8	108年3月18日		1.94%	$0	$12,933	-$12,933		$8,000,000
9	108年4月18日		1.94%	$0	$12,933	-$12,933		$8,000,000
10	108年5月18日		1.94%	$0	$12,933	-$12,933		$8,000,000
11	108年6月18日		1.94%	$0	$12,933	-$12,933		$8,000,000
			1.94%	$0	$12,933	-$12,933		$8,000,000
37			2.21%	$0	$14,733	-$14,733		$8,000,000
38	110年9月18日				$14,733	-$14,733		$8,000,000
39	110年10月18日		2.21%			-$14,733		$8,000,000
40	110年11月18日		2.21%	$32,524	$14,554			
41	110年12月18日		2.21%	$32,584	$14,494	-$47,078		$7,805,035
42	111年1月18日		2.21%	$32,644	$14,434	-$47,078		$7,772,331
43	111年2月18日		2.21%	$32,704	$14,374	-$47,078		$7,739,567
44	111年3月18日		2.21%	$32,764	$14,314	-$47,078		$7,706,742
45	111年4月18日		2.21%	$32,825	$14,254	-$47,078		$7,673,857
46	111年5月18日		2.21%	$32,885	$14,193	-$47,078		$7,640,912
47	111年6月18日		2.21%	$32,946	$14,133	-$47,078		$7,607,906
48	111年7月18日		2.21%	$33,006	$14,072	-$47,078		$7,574,839
49	111年8月18日		2.21%	$33,067	$14,011	-$47,078		$7,541,711
50	111年9月18日		2.21%	$33,128	$13,950	-$47,078		$7,508,522
51	111年10月18日		2.21%	$33,189	$13,889	-$47,078		$7,475,272
52	111年11月18日		2.21%	$33,250	$13,828	-$47,078		$7,441,960
53	111年12月18日		2.21%	$33,311	$13,767	-$47,078		$7,441,960

完成計算後，可得知於寬限期 (3年) 內，**本金償還** 的金額均為 0 元，而分段 **利息償還** 分別為 11600、12933、14733 元；寬限期後，本金加利息的 **月繳總額** 固定為 47078 元直到償還全部貸款為止。

計算實際貸款利率與利息總繳金額

此份試算表是要比較各銀行的貸款方案的優劣,所以運用 **IRR** 函數計算 **實際貸款利率**、**SUM** 函數計算 **利息總繳金額** 做為比較的項目。

1 選取 D7 儲存格,用 **IRR** 函數計算 **實際貸款利率**,輸入公式:

=IRR(G11:G251)*12。

計算結果為 **月繳總額** 平均報酬率,需要再 X 12 才為年利率。

房屋貸款規劃試算			
房屋貸款方案		利率與利息總繳金額	
貸款金額	$8,000,000	前 6 期	1.74%
開辦費用	$5,000	7~12期	1.94%
貸款年限	20	13 期以後	2.21%
寬限期 (年)	3		
貸款起始日	107年7月18日	實際貸款利率	2.18%
		利息總繳金額	=SUM(F12:F251) **2**

房屋貸款規劃試算			
房屋貸款方案		利率與利息總繳金額	
貸款金額	$8,000,000	前 6 期	1.74%
開辦費用	$5,000	7~12期	1.94%
貸款年限	20	13 期以後	2.21%
寬限期 (年)	3		
貸款起始日	107年7月18日	實際貸款利率	2.18%
		利息總繳金額	$2,104,758

2 選取 D8 儲存格,用 **SUM** 函數計算 **利息總繳金額**,輸入公式:
=SUM(F12:F251)。

試算完成,A 銀行的 **實際貸款利率** 為 2.18%,**利息總繳金額** 為 210 萬 4758 元。

IRR 函數

說明:計算報酬率。

格式:**IRR(範圍,預估值)**

引數:**範圍**　　　　將現金流量數值以儲存格範圍指定,必須至少包含一個正數和一個負數。

　　　預估值　　　近於 **IRR** 結果的預估數值,可省略不輸入。

SUM 函數

說明:求得指定數值、儲存格或儲存格範圍內所有數值的總和。

格式:**SUM(數值 1,數值 2,...)**

引數:**數值**　　可為數值或儲存格範圍,1 到 255 個要加總的值。若為加總連續儲存格則可用冒號 ":" 指定起始與結束儲存格,但若要加總不相鄰儲存格內的數值,則用逗號 "," 區隔。

凍結窗格方便瀏覽

瀏覽貸款償還內容時，最頂端的 **房貸款方案** 及 **利率與利息總繳金額** 的資料不想因捲動資料，可以用 **凍結窗格** 功能將它固定不動。

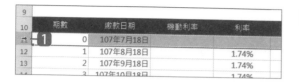

1 將滑鼠指標移至要設定的列數上方呈 ➡ 狀，按一下滑鼠左鍵選取該列。(本範例是要固定第 10 列以上的資料，所以要選取第 11 列。)

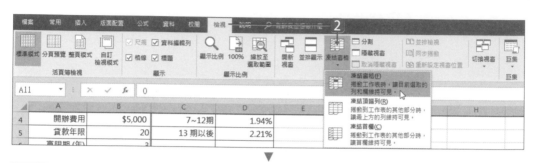

2 選按 **檢視** 索引標籤 \ **凍結窗格** \ **凍結窗格**，可以看到第 10 與 11 列之間的線條變得較明顯，拖曳右側捲軸時會發現 1~10 列均被凍結，成為不可捲動的儲存格。(選按 **檢視** 索引標籤 \ **凍結窗格** \ **取消凍結窗格** 可取消此功能。)

複製工作表

完成 A 銀行貸款方案的試算後，只要複製該工作表，可以套用在 B、C 銀行貸款方案。

1 於 **A 銀行** 工作表標籤上按一下滑鼠右鍵。

2 選按 **移動或複製** 開啟對話方塊。

第一張圖（移動或複製對話方塊）

3	貸款金額	$8,000,000		前 6 期	1.74%
4	開辦費用	$5,000		7~12期	1.94%
5				期以後	2.21%
6					
7				款利率	2.18%
8				繳金額	$2,104,758

移動或複製　　　　? ✕

將選取工作表移到
活頁簿(T):
3-04.xlsx

選取工作表之前(B):
A 銀行
(移動到最後)

☑ 建立複本(C)
確定　　取消

③ 於對話方塊選按 **(移動到最後)**。

④ 核選 **建立複本**。

⑤ 選按 **確認**。

4	開辦費用	$5,000		7~12期	1.94%
5	貸款年限	20		13 期以後	2.21%
6	寬限期 (年)	3			
7	貸款起始日	107年7月18日		**實際貸款利率**	2.18%
8				**利息總繳金額**	$2,104,758
9					
10	期數	繳款日			利率
11	0	107年7月			
12	1	107年8月			1.74%
13	2	107年9月			1.74%
14	3	107年10月			1.74%
15	4	107年11月			1.74%
16	5	107年12月			1.74%
17	6	108年1月			1.74%

右鍵選單：
插入(I)...
刪除(D)
重新命名(R)
移動或複製(M)...
檢視程式碼(V)
保護工作表(P)...
索引標籤色彩(T)　▶
隱藏(H)
取消隱藏(U)...
選取所有工作表(S)

A 銀行 (2)

⑥ 於下方 **A 銀行 (2)** 工作表標籤上按一下滑鼠右鍵。

⑦ 選按 **重新命名**。

4	開辦費用	$5,000		7~12期	1.94%
5	貸款年限	20		13 期以後	2.21%
6	寬限期 (年)	3			
7	貸款起始日	107年7月18日		**實際貸款利率**	2.18%
8				**利息總繳金額**	$2,104,758
9					
10	期數	繳款日期	機動利率		利率
11	0	107年7月18日			
12	1	107年8月18日			1.74%
13	2	107年9月18日			1.74%
14	3	107年10月18日			1.74%
15	4	107年11月18日			1.74%
16	5	107年12月18日			1.74%
17	6	108年1月18日			1.74%

A 銀行　B 銀行

⑧ 刪除原本的工作表名稱後，再輸入「B 銀行」，按 Enter 鍵完成。

10	期數	繳款日期	機動利率	利率
11	0	107年7月18日		
12	1	107年8月18日		1.74%
13	2	107年9月18日		1.74%
14	3	107年10月18日		1.74%
15	4	107年11月18日		1.74%
16	5	107年12月18日		1.74%
17	6	108年1月18日		1.74%

A 銀行　B 銀行　C 銀行

⑨ 再依相同操作方式，複製出 **C 銀行**工作表。

輸入 B 銀行貸款資料並試算

利用已複製好的工作表輸入 B 銀行的貸款方案資料並完成試算。

	期數	繳款日期	機動利率	利率	本金償還	利息償還	月繳總額	提前還款	貸款額
11	0	107年7月18日					$7,995,000		$8,000
12	1	107年8月18日		1.74%	$0	$11,600	-$11,600		$8,000
13	2	107年9月18日		1.74%	$0	$11,600	-$11,600		$8,000
14	3	107年10月18日		1.74%	$0	$11,600	-$11,600		$8,000
15	4	107年11月18日		1.74%	$0	$11,600	-$11,600		$8,000
16	5	107年12月18日		1.74%	$0	$11,600	-$11,600		$8,000
17	6	108年1月18日		1.74%	$0	$11,600	-$11,600		$8,000

A銀行　B銀行　**1** 行　⊕

▼

	A	B	C	D	E	F	G	H	I
1		房屋貸款規劃試算							
2	房屋貸款方案		利率與利息總繳金額						
3	貸款金額	$8,000,000	1~24 期	1.84%					
4	開辦費用	$5,500	25~240 期	1.99%	**2**				
5	貸款年限	20							
6	寬限期 (年)	3							
7	貸款起始日	107年7月18日	實際貸款利率	0.17%					
8			利息總繳金額	$153,200					

1 切換至 **B 銀行** 工作表。

2 **開辦費用**、**貸款年限**、**寬限期**、**利率** 這些資料會依銀行貸款方案有所不同，先將舊的資料刪除後，輸入 **B 銀行** 的資料 (可參照 P3-20 表格資料)。

	A	B	C	D	E	F	G	H
10	期數	繳款日期	機動利率	利率	本金償還	利息償還	月繳總額	提前還款
11	0	107年7月18日					$7,994,500	
12	1	107年8月18日		1.84%	$0	$12,267	-$12,267	
13	2	107年9月18日		1.84%	$0	$12,267	-$12,267	
14	3	107年10月18日		1.84%	$0	$12,267	-$12,267	
15	4	107年11月18日		1.84%	$0	$12,267	-$12,267	
27	16	108年		1.84%	$0	$12,267	-$12,267	
28	17	108年12月18日		1.84%	$0	$12,267	-$12,267	
29	18	109年1月18日		1.84%	$0	$12,267	-$12,267	
30	19	109年2月18日		1.84%	$0	$12,267	-$12,267	
31	20	109年3月18日		1.84%	$0	$12,267	-$12,267	
32	21	109年4月18日		1.84%	$0	$12,267	-$12,267	
33	22	109年5月18日		1.84%	$0	$12,267	-$12,267	
34	23	109年6月18日		1.84%	$0	$12,267	-$12,267	
35	24	109年7月18日		1.84%	$0	$12,267	-$12,267	
	25	109年8月18日		0.00%	$0	$0	$0	

3 按住 D12 儲存格右下角的 **填滿控點** 往下拖曳，至 D35 儲存格再放開滑鼠左鍵，完成 1~24 期利率為 1.84% 的試算。

▲	A	B	C	D	E	F	G	H		I
33	22	109年5月18日		1.84%	$0	$12,267	-$12,267			$8,000
34	23	109年6月18日		1.84%	$0	$12,267	-$12,267			$8,000
35	24	109年7月18日		1.84%	$0	$12,267	-$12,267			$8,000
36	25	109年8月18日		=IF(C36="",$D$4,C36) —4		$13,267	-$13,267			$8,000
37	26	109年9月18日		0.00%	$0	$0	$0			$8,000
38	27	109年10月18日		0.00%	$0	$0	$0			$8,000
39	28	109年11月18日		0.00%	$0	$0	$0			$8,000
40	29	109年12月18日		0.00%	$0	$0	$0			$8,000
41	30	110年1月18日		0.00%	$0	$0	$0			$8,000

4 選取 D36 儲存格，將原本公式的 $D$5 儲存格替換成 $D$4，輸入公式：
=IF(C36="",$D$4,C36)。

▲	A	B	C	D	E	F	G	H
33	22	109年5月18日		1.84%	$0	$12,267	-$12,267	
34	23	109年6月18日		1.84%	$0	$12,267	-$12,267	
35	24	109年7月18日		1.84%	$0	$12,267	-$12,267	
36	25	109年8月18日		1.99%		$13,267	-$13,267	
37	26	109年9月18日		1.99%	$0	$0	$0	
38	27	109年10月18日		1.99%	$0	$0	$0	
				1.99%	$0	$0	$0	
243	232	126年11月18日		1.99%	$0	$0	$0	
244	233	126年12月18日		1.99%			$0	
245	234	127年1月18日		1.99%	$45,721	$555		
246	235	127年2月18日		1.99%	$45,797	$458	$46,255	
247	236	127年3月18日		1.99%	$45,873	$382	-$46,255	
248	237	127年4月18日		1.99%	$45,949	$306	-$46,255	
249	238	127年5月18日		1.99%	$46,025	$229	-$46,255	
250	239	127年6月18日		1.99%	$46,101	$153	-$46,255	
251	240	127年7月18日		1.99%	$46,178	$77	-$46,255	

5 選取 D36 儲存格，於右下角的 **填滿控點** 上連按二下滑鼠左鍵，會自動往下複製直到最後一筆資料列，完成 **25~240** 期利率為 **1.99%** 的試算。

▲	A	B	C	D	E	F	G	H	I
1		房屋貸款規劃試算							
2		房屋貸款方案		利率與利息總繳金額					
3	貸款金額	$8,000,000	1~24 期	1.84%					
4	開辦費用	$5,500	25~240 期	1.99%					
5	貸款年限	20							
6	寬限期 (年)	3							
7	貸款起始日	107年7月18日	實際貸款利率	1.97%					
8			利息總繳金額	$1,889,521					
9									
10	期數	繳款日期	機動利率	利率	本金償還	利息償還	月繳總額	提前還款	貸款餘額
11	0	107年7月18日					$7,994,500		$8,000,000
12	1	107年8月18日		1.84%	$0	$12,267	-$12,267		$8,000,000
13	2	107年9月18日		1.84%	$0	$12,267	-$12,267		$8,000,000
14	3	107年10月18日		1.84%	$0	$12,267	-$12,267		$8,000,000
15	4	107年11月18日		1.84%	$0	$12,267	-$12,267		$8,000,000

試算完成，B 銀行的 **實際貸款利率** 為 1.97%，**利息總繳金額** 為 188 萬 9521 元；相較於 A 銀行的結果，B 銀行的 **實際貸款利率** 與 **利息總繳金額** 都較為優惠，在非寬限期時，**月繳總額** 相差約 800 多元。

輸入 C 銀行貸款資料並試算

利用已複製好的工作表輸入 C 銀行的貸款方案資料並完成試算。

13	2	107年9月18日		1.44%	$0	$9,600	-$9,600		$8,000
14	3	107年10月18日		1.44%	$0	$9,600	-$9,600		$8,000
15	4	107年11月18日		1.44%	$0	$9,600	-$9,600		$8,000
16	5	107年12月18日		1.44%	$0	$9,600	-$9,600		$8,000
17	6	108年1月18日		1.44%	$0	$9,600	-$9,600		$8,000

A銀行　B銀行　C銀行 **1**

▼

	A	B	C	D	E	F	G	H	I
1		房屋貸款規劃試算							
2	房屋貸款方案		利率與利息總繳金額						
3	貸款金額	$8,000,000	1~24 期	1.44%					
4	開辦費用	$5,300	25~360 期	1.74%	**2**				
5	貸款年限	30							
6	寬限期 (年)	3							
7	貸款起始日	107年7月18日	實際貸款利率	-3.71%					

1 切換至 **C 銀行** 工作表。

2 **開辦費用**、**貸款年限**、**寬限期**、**利率** 這些資料會依銀行貸款方案會有所不同，先將舊的資料刪除後，輸入 **C 銀行** 的資料 (可參照 P3-20 表格資料)。

	A	B	C	D	E	F	G	H	I
250	239	127年6月18日		1.74%	$25,945	$5,017	-$30,961		$3,433
251	240	127年7月18日		1.74%	$25,982	$4,979	-$30,961		$3,407
252									

3

365	355
366	355
367	356
368	357
369	358
370	359
371	360

3 由於 C 銀行的貸款年限為 30 年 (期數為 360 期)，要先增加期數，按住 A251 儲存格右下角的 **填滿控點**，再按住 **Ctrl** 鍵不放往下拖曳，至 A371 儲存格再放開滑鼠左鍵，完成 241~360 期的編號填滿。

	A	B	C	D
245	234	127年1月18日		1.74%
246	235	127年2月18日		1.74%
247	236	127年3月18日		1.74%
248	237	127年4月18日		1.74%
249	238	127年5月18日		1.74%
250	239	127年6月18日		1.74%
251	240	127年7月18日		1.74%
252	241			
253	242			

4

▶

351	136年10月18日
352	136年11月18日
353	136年12月18日
354	137年1月18日
355	137年2月18日
356	137年3月18日
357	137年4月18日
358	137年5月18日
359	137年6月18日
360	137年7月18日

4 選取 B251 儲存格，於右下角的 **填滿控點** 上連按二下滑鼠左鍵，會自動往下複製直到 **期數** 的最後一筆資料列。

	A	B	C	D	E	F	G	H
10	期數	繳款日期	機動利率	利率	本金償還	利息償還	月繳總額	提前還款
11	0	107年7月18日					$7,994,700	
12	1	107年8月18日		1.44%	$0	$9,600	-$9,600	
13	2	107年9月18日		1.44%	$0	$9,600	-$9,600	
14	3	107年10月18日		1.44%	$0	$9,600	-$9,600	
	4	107年11月18日		1.44%	$0	$9,600	-$9,600	
27				1.44%	$0	$9,600	-$9,600	
28	17	108年12月18日		1.44%	$0	$9,600	-$9,600	
29	18	109年1月18日		1.44%	$0	$9,600		
30	19	109年2月18日		1.44%	$0	$9,600	-$9,600	
31	20	109年3月18日		1.44%	$0	$9,600	-$9,600	
32	21	109年4月18日		1.44%	$0	$9,600	-$9,600	
33	22	109年5月18日		1.44%	$0	$9,600	-$9,600	
34	23	109年6月18日		1.44%	$0	$9,600	-$9,600	
35	24	109年7月18日		1.44%	$0	$9,600	-$9,600	
36	25	109年8月18日		0.00%	$0	$0	$0	

5 按住 D12 儲存格右下角的 **填滿控點** 往下拖曳，至 D35 儲存格再放開滑鼠左鍵，完成 1~24 期利率為 1.44% 的試算。

	A	B	C	D	E	F	G	H	I
32	21	109年4月18日		1.44%	$0	$9,600	-$9,600		$8,000
33	22	109年5月18日		1.44%	$0	$9,600	-$9,600		$8,000
34	23	109年6月18日		1.44%	$0	$9,600	-$9,600		$8,000
35	24	109年7月18日		1.44%	$0	$9,600	-$9,600		$8,000
36	25	109年8月18日		=IF(C36="",$D$4,C36)	$0	$0	$0		$8,000
37	26	109年9月18日		0.00%	$0	$0	$0		$8,000
38	27	109年10月18日		0.00%	$0	$0	$0		$8,000
39	28	109年11月18日		0.00%	$0	$0	$0		$8,000

6 選取 D36 儲存格，將原本 **A 銀行** 公式的 $D$5 儲存格替換成 $D$4，輸入公式：
=IF(C36="",$D$4,C36)。

	A	B	C	D	E	F	G	H	I
32	21	109年4月18日		1.44%	$0	$9,600	-$9,600		$8,000
33	22	109年5月18日		1.44%	$0	$9,600	-$9,600		$8,000
34	23	109年6月18日		1.44%	$0	$9,600	-$9,600		$8,000
35	24	109年7月18日		1.44%	$0	$9,600	-$9,600		$8,000
36	25	109年8月18日		1.74%	$0	$11,600	-$11,600		$8,000
37	26	109年9月18日		1.74%	$0	$0	$0		$8,000
	27	109年10月18日		1.74%	$0	$0	$0		$8,000
363	352	136年11月18日		1.74%		$0	$0		$8,000
364	353	136年12月18日		1.74%					
365	354	137年1月18日		1.74%					
366	355	137年2月18日		1.74%					
367	356	137年3月18日		1.74%					
368	357	137年4月18日		1.74%					
369	358	137年5月18日		1.74%					
370	359	137年6月18日		1.74%					
371	360	137年7月18日		1.74%					

7 按住 D36 儲存格右下角的 **填滿控點** 往下拖曳，至 D371 儲存格再放開滑鼠左鍵，完成 25~360 期後利率為 1.74% 的試算。

	A	B	C	D	E	F	G	H	I
245	234	127年1月18日		1.74%	$25,757	$5,204	-$30,961		$3,563
246	235	127年2月18日		1.74%	$25,795	$5,167	-$30,961		$3,537
247	236	127年3月18日		1.74%	$25,832	$5,129	-$30,961		$3,511
248	237	127年4月18日		1.74%	$25,870	$5,092	-$30,961		$3,485
249	238	127年5月18日		1.74%	$25,907	$5,054	-$30,961		$3,459
250	239	127年6月18日		1.74%	$25,945	$5,017	-$30,961		$3,433
251	240	127年7月18日		1.74%	$25,982	$4,979	-$30,961		$3,407
252	241	127年8月18日		1.74%		8			
253	242	127年9月18日		1.74%					

8 選取 E251 儲存格，於右下角的 **填滿控點** 上連按二下滑鼠左鍵，會自動往下複製直到最後一筆資料列。

	D	E	F	G	H	I	J	K	L	M
247	1.74%	$25,832	$5,129	-$30,961		$3,511,534				
248	1.74%	$25,870	$5,092	-$30,961		$3,485,665				
249	1.74%	$25,907	$5,054	-$30,961		$3,459,757				
250	1.74%	$25,945	$5,017	-$30,961		$3,433,813				
251	1.74%	$25,982	$4,979	-$30,961		$3,407,830	9			
252	1.74%	$26,020	$4,941	-$30,961						
253	1.74%	$0	$0	$0						
254	1.74%	$0	$0	$0						
255	1.74%	$0	$0	$0						

9 依相同操作方式，分別選取 F251、G251、I251 儲存格，往下複製填滿資料。

	A	B	C	D	E	F	G	H	I
1			房屋貸款規劃試算						
2		房屋貸款方案		利率與利息總繳金額					
3	貸款金額	$8,000,000	1~24 期	1.44%					
4	開辦費用	$5,300	25~360 期	1.74%					
5	貸款年限	30							
6	寬限期 (年)	3							
7	貸款起始日	107年7月18日	實際貸款利率	=IRR(G11:G371)*12	10				
8			利息總繳金額	IRR(values, [guess])					
9									
10	期數	繳款日期	機動利率	利率	本金償還	利息償還	月繳總額	提前還款	貸款餘

10 選取 D7 儲存格計算 **實際貸款利率**，輸入公式：**=IRR(G11:G371)*12**。

	A	B	C	D	E	F	G	H	I
1			房屋貸款規劃試算						
2		房屋貸款方案		利率與利息總繳金額					
3	貸款金額	$8,000,000	1~24 期	1.44%					
4	開辦費用	$5,300	25~360 期	1.74%					
5	貸款年限	30							
6	寬限期 (年)	3							
7	貸款起始日	107年7月18日	實際貸款利率	1.70%					
8			利息總繳金額	=SUM(F11:F371)	11				
9				SUM(number1, [number2], ...)					
10	期數	繳款日期	機動利率	利率	本金償還	利息償還	月繳總額	提前還款	貸款餘

11 選取 D8 儲存格計算 **利息總繳金額**，輸入公式：**=SUM(F11:F371)**，求得240 萬 1096 元。

試算完成得到各家銀行貸款方案 **實際貸款利率** 與 **利息總繳金額** 的結果如下：

就 A 與 B 銀行來說，一樣的貸款年限，A 銀行的 **實際貸款利率** 與 **利息總繳金額** 金額都比 B 銀行高上許多，B 銀行的貸款方案相較之下較為有利；而 C 銀行的 **實際貸款利率** 為 1.70%，**利息總繳金額** 為 240 萬 1096 元，由此得知 C 銀行的 **實際貸款利率**是最低的，但 **利息總繳金額** 卻是最高的，比 A 銀行多了約 30 萬元利息，與 B 銀行則多了約 50 多萬元。

非寬限期內，各家銀行 **月繳總額** 的金額如下：

非寬限期間內，C 銀行的 **月繳總額** 只有 3 萬 961 元，比起 A 或 B 銀行的都少了將近 1 萬 5000 多元，會降低非寬限期時的償還壓力，只不過 C 銀行的償還年限是 30 年，比 A 與 B 銀行多了 10 年。

至於要選擇 B 銀行或 C 銀行？端看你未來的繳款能力決定，如果每個月要繳 4 萬多實在太吃力了，那 C 銀行貸款方案可能是你最佳的選擇；但如果你不想繳高額的利息給銀行，每個月 4 萬多的房貸對你的荷包還過得去，那建議選擇 B 銀行的貸款方案。"買得起並不代表付得起"，畢竟 20 年、30 年的時間很長，若將每月收入大部份佔比都拿去償還貸款，也會影響生活品質。

目前大部分房貸款率都是採機動利率，如果未來銀行重新調整利率時，只要於 **機動利率** 相對期數的儲存格填入新的利率數值，即可算出新的結果；有提前還款時，也可於 **提前還款** 相對期數的儲存格填入數值立即試算出新結果。

房屋貸款規劃試算			
房屋貸款方案		利率與利息總繳金額	
貸款金額	$8,000,000	前 6 期	1.74%
開辦費用	$5,000	7~12期	1.94%
貸款年限	20	13 期以後	2.21%
寬限期 (年)	3		
貸款起始日	107年7月18日	**實際貸款利率**	2.18%
		利息總繳金額	$2,102,639

期數	繳款日期	機動利率	利率	本金償還	利息償還	月繳總額	提前還款	貸款餘額
224	126年3月18日		2.21%	$45,628	$1,450	-$47,078		$741,589
225	126年4月18日	1.81%	1.81%	$45,827	$1,119	-$46,946		$695,762
226	126年5月18日	1.81%	1.81%	$45,896	$1,049	-$46,946		$649,866
227	126年6月18日	1.81%	1.81%	$45,966	$980	-$46,946		$603,900
228	126年7月18日	1.81%	1.81%	$46,035	$911	-$46,946		$557,865
229	126年8月18日	1.81%	1.81%	$46,104	$841	-$46,946		$511,761
230	126年9月18日	1.81%	1.81%	$46,174	$772	-$46,946		$465,587
231	126年10月18日	1.81%	1.81%	$46,244	$702	-$46,946		$419,343
232	126年11月18日	1.81%	1.81%	$46,313	$633	-$46,946		$373,030
233	126年12月18日	1.81%	1.81%	$46,383	$563	-$46,946		$326,647

263	129年6月18日		1.74%	$26,875	$4,100	-$30,976		$2,801,033
264	129年7月18日		1.74%	$26,914	$4,061	-$30,976		$2,774,119
265	129年8月18日		1.74%	$26,953	$4,022	-$30,976		$2,747,165
266	129年9月18日		1.74%	$26,992	$3,983	-$30,976		$2,720,173
267	129年10月18日		1.74%	$27,032	$3,944	-$30,976		$2,693,141
268	129年11月18日		1.74%	$27,071	$3,905	-$30,976		$2,666,070
269	129年12月18日		1.74%	$27,110	$3,866	-$330,976	$300,000	$2,338,960
270	130年1月18日		1.74%	$24,063	$3,391	-$27,454		$2,314,897
271	130年2月18日		1.74%	$24,098	$3,357	-$27,454		$2,290,799
272	130年3月18日		1.74%	$24,133	$3,322	-$27,454		$2,266,666
273	130年4月18日		1.74%	$24,168	$3,287	-$27,454		$2,242,499
274	130年5月18日		1.74%	$24,203	$3,252	-$27,454		$2,218,296
275	130年6月18日		1.74%	$24,238	$3,217	-$27,454		$2,194,058
276	130年7月18日		1.74%	$24,273	$3,181	-$27,454		$2,169,785
277	130年8月18日		1.74%	$24,308	$3,146	-$27,454		$2,145,476
278	130年9月18日		1.74%	$24,344	$3,111	-$27,454		$2,121,133
279	130年10月18日		1.74%	$24,379	$3,076	-$27,454		$2,096,754
280	130年11月18日		1.74%	$24,414	$3,040	-$27,454		$2,072,340

家庭財務管理

計劃評估與效益分析

存款、買房、保險樣樣都想要，面對手邊每月固定的收入，
需要先思考預計投入多少金錢與時間？預估報酬率多少？最
後訂定明確的目標努力實踐！

定存 VS 儲蓄險，報酬率總體檢

儲蓄險利率真的高於定存？別再有迷思，著手算出儲蓄險的報酬率。

◯ 範例分析

Q 到底要將錢存在銀行？還是投保儲蓄險？保險公司常販售不同類型的保單，在 "保本"、"生息"、"宣告利率" 的行銷話術包裝下，仍然不解這一張保單真正利率多少？到底值不值得投保？

A 為了破解高利率迷思，透過 **IRR** 函數 (內部報酬率) 計算儲蓄險真正的投資報酬率，再跟定存比較後，選擇最佳方案。

此份 6 年期儲蓄險比較表依照繳費年期，分為 "年繳"、"躉繳" 及 "生存保險金" 三種保單，並由 **年度、保費、領回、現金流量、滿期保險金** 及 **保單報酬率** 欄位佈置而成。先算出保單報酬率，再跟目前定存利率 1.035% 比較。

用 **SUM** 函數將 **保費** 及 **領回** 二筆金額相加，計算出保單每期 **現金流量**，包含現金流出與現金流入 (負數與正數)。

用 **IRR** 函數依據每期 **現金流量** 計算出 **保單報酬率**

方案 A-六年期儲蓄險(年繳)			
年度	保費	領回	現金流量
1	-$162,000	$0	-$162,000
2	-$162,000	$0	-$162,000
3	-$162,000	$0	-$162,000
4	-$162,000	$0	-$162,000
5	-$162,000	$0	-$162,000
6	-$162,000	$0	-$162,000
滿期保險金		$1,000,000	$1,000,000
保單報酬率			0.81%

保險金	$1,000,000
保費	$168,000
轉帳折扣	1%
1~6年生存保險金(保費)	1%
7~年生存保險金(保險金)	2.25%

方案 B-六年期儲蓄險(躉繳)			
年度	保費	領回	現金流量
1	-$970,000	$0	-$970,000
2	$0	$0	$0
3	$0	$0	$0
4	$0	$0	$0
5	$0	$0	$0
6	$0	$0	$0
滿期保險金		$1,000,000	$1,000,000
保單報酬率			0.51%

方案 C-六年期儲蓄險 (每期領回生存保險金，滿期後領回 100 萬)			
年度	保費	領回(生存保險金)	現金流量
1	-$166,320	$1,680	-$164,640
2	-$166,320	$1,680	-$164,640
3	-$166,320	$1,680	-$164,640
4	-$166,320	$1,680	-$164,640
5	-$166,320	$1,680	-$164,640
6	-$166,320	$1,680	-$164,640
7	$0	$22,500	$22,500
8	$0	$22,500	$22,500
9	$0	$22,500	$22,500
10	$0	$22,500	$22,500
滿期保險金		$1,000,000	$1,000,000
保單報酬率			1.36%

6 年 **保費** 皆享有 1% 轉帳折扣　　1~6 年每期依 **保費** 領回 1% 生存保險金，7~10 年每期依 **保險金** 領回 2.25% 生存保險金。

此範例以 "年繳"、"躉繳"、"年領生存保險金" 三種儲蓄型保單為例比較：

	保額	期數	繳費方式	保費	給付方式
方案 A	100 萬	6 年	年繳	$162,000	繳費期滿後可一次領回 100 萬
方案 B	100 萬	6 年	躉繳（一次繳清）	$970,000	繳費期滿後可一次領回 100 萬
方案 C	100 萬	6 年	年繳	$168,000（可再扣除 1% 轉帳折扣）	1~6 年，每年可依保費領回 1% 生存保險金；第 7 年後，每年可依期滿後金額領回 2.25% 生存保險金；繳費期滿後可一次領回 100 萬。

● 立即試算

年繳保單-負值格式設定

於範例原始檔已預先設計好儲蓄險比較表的欄位與樣式，其中收入為正數，支出為負數，為了加強正負數的辨識度，可以將負數設定為紅色。

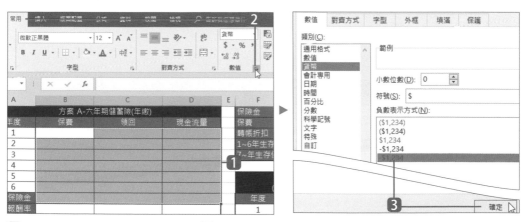

1️⃣ 選取 B3:D9 儲存格範圍。　2️⃣ 選按 **常用** 索引標籤 \ **數值** 開啟對話方塊。

3️⃣ 選按 **貨幣** 類別 \ -$1,234，選按 **確定**。

年繳保單-輸入各項數值

以方案 A (年繳) 保單為例，6 年期儲蓄險，年繳保費 16 萬 2000 元，滿期領回 100 萬，**年度** 欄位顯示 1~6，接著如下輸入 **保費、領回** 及 **滿期保險金**。

	A	B	C
1		方案 A-六年期儲蓄險(年繳)	
2	年度	保費	領回
3	1 ❶	-$162,000	$0
4	2		
5	3		
6	4		
7	5		
8	6		
9	滿期保險金		
10	保單報酬率		

	A	B	C
1		方案 A-六年期儲蓄險(年繳)	
2	年度	保費	領回
3	1	-$162,000	$0 ❷
4	2	-$162,000	$0
5	3	-$162,000	$0
6	4	-$162,000	$0
7	5	-$162,000	$0
8	6	-$162,000	$0
9	滿期保險金		
10	保單報酬率		

❶ 選取 B3 儲存格輸入第 1 年 **保費** ：「-162000」 (支出金額，數字前方需加上負號)，C3 儲存格輸入第 1 年 **領回** ：「0」。

❷ 選取 B3:C3 儲存格範圍，按住 C3 儲存格右下角的 **填滿控點** 往下拖曳，至 C8 儲存格再放開滑鼠左鍵，完成 6 年期 **保費** 及 **領回** 金額的輸入。

	A	B	C	D	E	F	G	H
1		方案 A-六年期儲蓄險(年繳)				保險金		$1,000,000
2	年度	保費	領回	現金流量		保費		$168,000
3	1	-$162,000	$0			轉帳折扣		1%
4	2	-$162,000	$0			1~6年生存保險金(保費)		1%
5	3	-$162,000	$0			7~年生存保險金(保險金)		2.25%
6	4	-$162,000	$0				方案 C-六年期儲蓄險	
7	5	-$162,000	$0				(每期領回生存保險金，滿期後領回 100	
8	6	-$162,000	$0			年度	保費	領回(生存保險金)
9	滿期保險金		$1,000,000 ❸					
10	保單報酬率					1		

❸ 選取 C9 儲存格輸入 **滿期保險金** ：「1000000」。

Tips

名詞說明：年繳

保險費一年繳納一次，金額皆為固定。

名詞說明：保費、領回、滿期保險金

保費 為投保後需定期繳納的金額；**領回** 為每期可領回金額；**滿期保險金** 為繳費期滿可一次領回的金額，但領了之後，部分保單契約內的保障也會隨之結束。

年繳保單-計算現金流量

計算現金流量淨值，現金流出 (支出) 為負數，現金流入 (收入) 為正數。

■ 現金流量 = 保費 + 領回。

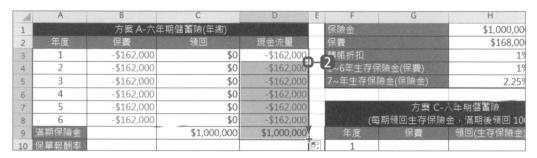

1 選取 D3 儲存格計算第 1 年 **現金流量**，輸入公式：**=B3+C3**。

2 按住 D3 儲存格右下角的 **填滿控點** 往下拖曳，至 D9 儲存格再放開滑鼠左鍵，完成 **現金流量** 計算。

年繳保單-計算內部報酬率

只要現金流量有固定週期，像儲蓄險、車貸、房貸...等，就可以用 **IRR** 函數，推算報酬率。

	A	B	C	D	E	F	G	H	I	J
1		方案 A-六年期儲蓄險(年繳)				保險金		$1,000,000		
2	年度	保費	領回	現金流量		保費		$168,000		
3	1	-$162,000	$0	-$162,000		轉帳折扣		1%		
4	2	-$162,000	$0	-$162,000		1~6年生存保險金(保費)		1%		
5	3	-$162,000	$0	-$162,000		7~年生存保險金(保險金)		2.25%		
6	4	-$162,000	$0	-$162,000						
7	5	-$162,000	$0	-$162,000		方案 C-六年期儲蓄險				
8	6	-$162,000	$0	-$162,000		(每期領回生存保險金，滿期後領回 100 萬)				
9	滿期保險金		$1,000,000	$1,000,000		年度	保費	領回(生存保險金)	現金流量	
10	保單報酬率			=IRR(D3:D9)		1				

1 以 D3:D9 儲存格範圍的 **現金流量** 為參數，選取 D10 儲存格計算 **保單報酬率**，輸入公式：**=IRR(D3:D9)**。

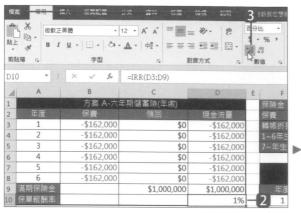

2 選取 D10 儲存格。

3 選按 **常用** 索引標籤 \ **數值** 🖾 二下 (增加二位小數位數)。

試算完後，可以發現方案 A (年繳) 的 **保單報酬率** 為 0.81%。

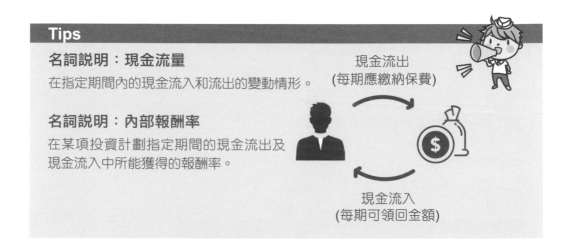

Tips

名詞說明：現金流量

在指定期間內的現金流入和流出的變動情形。

名詞說明：內部報酬率

在某項投資計劃指定期間的現金流出及
現金流入中所能獲得的報酬率。

現金流出
(每期應繳納保費)

現金流入
(每期可領回金額)

IRR 函數

說明：計算報酬率。

格式： **IRR(範圍,預估值)**

引數： **範圍**   將現金流量數值以儲存格範圍指定，必須至少包含一個正數和一個
                              負數。

           預估值   近於 **IRR** 結果的預估數值，可省略不輸入。

躉繳保單-複製儲存格樣式

以方案 B (躉繳) 保單來說，除了第一期將保費繳清的差異外，其他儲存格樣式或公式計算，均和方案 A (年繳) 保單相同，以下利用複製與貼上佈置方案 B 保單。

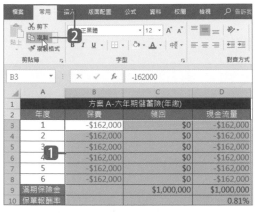 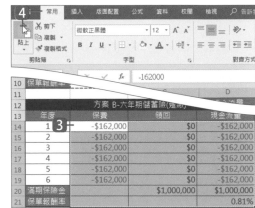

1 選取 B3:D10 儲存格範圍。　**2** 選按 **常用** 索引標籤 \ 🖻 。

3 選取 B14 儲存格。

4 選按 **常用** 索引標籤 \ 🖻，將方案 A 的儲存格樣式與公式貼到方案 B 的儲存格。

躉繳保單-更改各項數值

於方案 B (躉繳) 保單的第 1 年，繳清全部保費 97 萬，**滿期保險金** 為 100 萬，請根據這些數據修改儲存格內容。

12	方案 B-六年期儲蓄險(躉繳)		
13	年度	保費	領回	現金流
14	1	-$970,000	$0	-$9
15	2	$0	$0	
16	3	$0	$0	
17	4	$0	$0	
18	5	$0	$0	
19	6	$0	$0	

1 選取 B14 儲存格輸入 **保費**：「-970000」。

2 於 B15:B19 儲存格範圍輸入 **保費**：「0」。

試算完後，可以發現方案 B (躉繳) 的 **保單報酬率** 為 0.51%。

Tips

名詞說明：躉繳

一次繳清全部應繳保險費。

生存金保單-計算保費

方案 A 與方案 B 保單皆為 6 年到期後一次領回 100 萬；方案 C 保單除了滿期後一次領回 100 萬，每期還可領回一定金額 (又稱生存保險金)。一開始利用複製與貼上佈置方案 C 保單，接著計算 1~6 年每期扣除 1% 轉帳折扣後的實際保費 (第 7 年後不需繳交保費)。

- 保費 = −(保費 − (保費 × 1%))

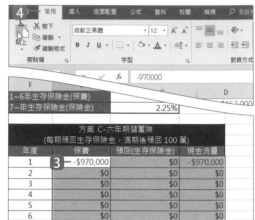

1 選取 B14:D19 儲存格範圍。　**2** 選按 **常用** 索引標籤 \ 🗐。

3 選取 G10 儲存格。

4 選按 **常用** 索引標籤 \ 🗐，將方案 B 的儲存格樣式與公式貼到方案 C 的儲存格。

	B	C	D	E	F	G	H
2	保費	領回	現金流量		保費		$168,000
3	-$162,000	$0	-$162,000		轉帳折扣		1%
4	-$162,000	$0	-$162,000		1~6年生存保險金(保費)		1%
5	-$162,000	$0	-$162,000		7~年生存保險金(保險金)		2.25%
6	-$162,000	$0	-$162,000				
7	-$162,000	$0	-$162,000		方案 C-六年期儲蓄險		
8	-$162,000	$0	-$162,000		(每期領回生存保險金，滿期後領回 100 萬)		
9		$1,000,000	$1,000,000		年度	保費	領回(生存保險金)	現
10			0.81%		1	=-($H$2-($H$2*$H$3))		-$

5 選取 G10 儲存格，計算第 1 年 **保費**，輸入公式：

=-($H$2-($H$2*$H$3))。

之後要複製此公式，所以利用絕對參照指定參照範圍。

保費 屬於金額支出行為，所以金額以負數表示。

	F	G	H	I
2	保費		$168,000	
3	轉帳折扣		1%	
4	1~6年生存保險金(保費)		1%	
5	7~年生存保險金(保險金)		2.25%	
6				
7		方案 C-六年期儲蓄險		
8		(每期領回生存保險金，滿期後領回 100 萬)		
9	年度	保費	領回(生存保險金)	現金流量
10	1	-$166,320	$0	-$166,320
11	2	-$166,320	$0	-$166,320
12	3	-$166,320	$0	-$166,320
13	4	-$166,320	$0	-$166,320
14	5	-$166,320	$0	-$166,320
15	6	-$166,320	$0	-$166,320
16	7	$0		
17	8	$0		
18	9	$0		
19	10	$0		

6 按住 G10 儲存格右下角的 **填滿控點** 往下拖曳，至 G15 儲存格再放開滑鼠左鍵，完成 2～6 年的 **保費** 公式複製。

7 於 B16:G19 儲存格範圍輸入 **保費**：「0」，完成 7～10 年保費值填入。

生存金保單-計算生存保險金

第 1~6 年，每年可依保費領回 1% 生存保險金；第 7 年後，每年可依滿期保險金金額領回 2.25% 生存保險金。

- 第 1 ～6 年領回(生存保險金) = 保費 × 1%
- 第 7 ～10 年領回(生存保險金) = 保險金 × 2.25%

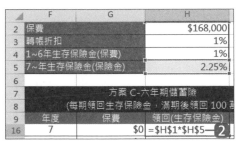

1 選取 H10 儲存格，計算第 1 年 **領回(生存保險金)**，輸入公式：
=$H$2*$H$4。

之後要複製此公式，所以利用絕對參照指定參照範圍。

2 選取 H16 儲存格，計算第 7 年 **領回(生存保險金)**，輸入公式：
=$H$1*$H$5。

之後要複製此公式，所以利用絕對參照指定參照範圍。

F	G	H	I
7	方案 C-六年期儲蓄險		
8	(每期領回生存保險金，滿期後領回 100 萬)		
9 年度	保費	領回(生存保險金)	現金流量
10　1	-$166,320	$1,680	-$164,640
11　2	-$166,320	$1,680	-$164,640
12　3	-$166,320	$1,680	-$164,640
13　4	-$166,320	$1,680	-$164,640
14　5	-$166,320	$1,680	-$164,640
15　6	-$166,320	$1,680	-$164,640
16　7	$0	$22,500	
17　8	$0		
18　9	$0		
19　10	$0		

F	G	H	現
7	方案 C-六年期儲蓄險		
8	(每期領回生存保險金，滿期後領回 100 萬)		
9 年度	保費	領回(生存保險金)	現
10　1	-$166,320	$1,680	-$
11　2	-$166,320	$1,680	-$
12　3	-$166,320	$1,680	-$
13　4	-$166,320	$1,680	-$
14　5	-$166,320	$1,680	-$
15　6	-$166,320	$1,680	-$
16　7	$0	$22,500	
17　8	$0	$22,500	
18　9	$0	$22,500	
19　10	$0	$22,500	

3 按住 H10 儲存格右下角的 **填滿控點** 往下拖曳，至 H15 儲存格再放開滑鼠左鍵，完成第 1~6 年 **領回(生存保險金)** 公式複製。

4 按住 H16 儲存格右下角的 **填滿控點** 往下拖曳，至 H19 儲存格再放開滑鼠左鍵，完成第 7~10 年 **領回(生存保險金)** 公式複製。

Tips

名詞說明：生存保險金

在保單契約有效期間內，被保人仍然生存時，受益人可以領回或申請一筆生存保險金。

生存金保單-計算滿期保險金與現金流量

方案 C 上方的保單資料中，**保險金** 即是 10 年之後可領回的 **滿期保險金** 金額，因此透過指定儲存格位址，於 H20 儲存格直接顯示 H1 儲存格金額，另外再完成 **現金流量** 公式複製。

G	H	I	J
7	方案 C-六年期儲蓄險		
8 期領回生存保險金，滿期後領回 100 萬)			
9 保費	領回(生存保險金)	現金流量	
10 -$166,320	$1,680	-$164,640	
11 -$166,320	$1,680	-$164,640	
12 -$166,320	$1,680	-$164,640	
13 -$166,320	$1,680	-$164,640	
14 -$166,320	$1,680	-$164,640	
15 -$166,320	$1,680	-$164,640	
16 $0	$22,500	$22,500	
17 $0	$22,500	$22,500	
18 $0	$22,500	$22,500	
19 $0	$22,500	$22,500	
20	-$1,000,000	$1,000,000	

1 選取 H20 儲存格輸入 **滿期保險金**：「=H1」。

2 按住 I15 儲存格右下角的 **填滿控點** 往下拖曳，至 I20 儲存格再放開滑鼠左鍵，完成第 7~10 年 **現金流量** 公式複製。

生存金保單-計算內部報酬率

用 **IRR** 函數推算報酬率。

年度	保費	領回(生存保險金)	現金流量
1	-$166,320	$1,680	-$164,640
2	-$166,320	$1,680	-$164,640
3	-$166,320	$1,680	-$164,640
4	-$166,320	$1,680	-$164,640
5	-$166,320	$1,680	-$164,640
6	-$166,320	$1,680	-$164,640
7	$0	$22,500	$22,500
8	$0	$22,500	$22,500
9	$0	$22,500	$22,500
10	$0	$22,500	$22,500
滿期保險金		$1,000,000	$1,000,000
保單報酬率			=IRR(I10:I20)

❶ 選取 I21 儲存格，計算保單報酬率，輸入公式：**=IRR(I10:I20)**。

❷ 選按 **常用** 索引標籤 \ **數值** 二下 (增加二位小數位數)。

試算完後可以發現，以 2018 年 7 月的臺灣銀行為例，1 年定存的固定利率約為 1.035% (https://rate.bot.com.tw/twd)。

此份比較表三種儲蓄險方案的滿期保險金雖同為 100 萬，但就試算結果比較，方案 A (年繳) 及方案 B (躉繳) 的保單報酬率為 0.81% 及 0.51%，均低於目前定存利率；而方案 C (生存保險金) 的保單報酬率為 1.36%，則比定存利率高一些。透過 **IRR** 更能準確分析報酬率，選擇利於自己的投資方式。

租屋好還是買房好？

根據每月租金，評估租金報酬率與房屋價值，再選擇租屋或購屋。

◉ 範例分析

Q 高房價時代，買房是筆不小開銷，2、30 年貸款年數，我真的可以負擔嗎？如果租屋，每月租金比房貸輕鬆一些但要看房東臉色，而且好像變成是幫人養房，房子最終卻不是我的，到底要買房還是租屋呢？

A 的確是一個讓人傷腦筋的問題，以現在這麼貴的房價，當然建議租房子；如果以一輩子的時間來看，買棟房子才有保障，只是要在房價適中的時候買入。

此份表單利用每個月可負擔的租金或貸款 2 萬元進行推算，評估該繼續租房或是拿去繳購屋房貸。

表單 A 假設目前承租房的房價約 1000 萬，各項條件都相當於你想購買的房子，可以用承租房預估房價試算其 **租金報酬率**，若 **租金報酬率** 大於 **房貸利率** 表示這房買了就算不自住另外租給房客，所得到的收益足以支付向銀行貸款每月需繳交的利息，這樣就可考慮買房，當然還要考慮是否已籌足購屋自備款、貸款年數...等因素。表單 B 是利用每月可負擔的貸款金額與目前購屋貸款方案，試算可貸到的款項以評估目前是否有能力買房。

用 **房屋總價** 及 **租金(月)** 2 筆金額，計算 **租金報酬率**，其中原本以 "月" 為單位的租金支出，要先換算成以 "年" 為單位的金額。

用 **PV** 函數依據 **貸款年數、貸款年數、貸款利率(年)、每月可負擔租金(或房貸)** 計算 **貸款金額**。

表單 A	
房屋總價	$10,000,000
租金(月)	$20,000
租金報酬率	2.40%

表單 B	
自備頭期款	$3,000,000
貸款年數	30
房貸利率(年)	1.74%
每月可負擔租金(或房貸)	$20,000
貸款金額	$5,606,109
房屋總價	$8,606,109

租金報酬率 ＝(租金×12) ÷ 房屋總價
貸款金額 ＝PV (房貸利率 ÷ 12,貸款年數 × 12,-每月可付擔租金或房貸)
房屋總價 ＝ 自備頭期款 ＋ 貸款金額

貸款金額 加上 **自備頭期款**，就是 **購屋總價**。

立即試算

輸入表單 A 各項數值

於範例原始檔已預先設計好表單 A 租金報酬率表的欄位與樣式，假設想買的房子每月租金 2 萬，預估房價為 1000 萬，接著請如下輸入 **房屋總價** 及 **租金(月)**。

1 選取 B2 儲存格輸入 **房屋總價**：「10000000」。

2 選取 B3 儲存格輸入 **租金(月)**：「20000」。

計算租金報酬率

衡量租屋還是購屋其中一個評估方式就是透過 **租金報酬率**，針對你想買的房子每月租金、與預估房價計算其租金報酬率。

■ 租金報酬率 = (租金(月) × 12) ÷ 房屋總價

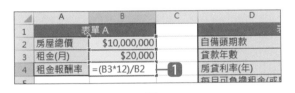

1 選取 B4 儲存格計算 **租金報酬率**，輸入公式：**=(B3*12)/B2**。

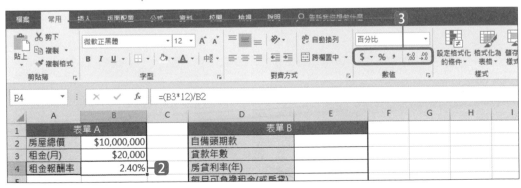

2 選取 B4 儲存格。

3 選按 **常用** 索引標籤 \ **數值** ⅗ 一下、✪ 二下，得到 **租金報酬率** 2.4%。

合理房價可以由租金報酬率來推論，試算出表單 A 房屋的 **租金報酬率** 為 2.4%，跟目前參考的購屋優惠房貸利率 (參考網址：https://s.yam.com/GzLjZ) 1.74% 相比 "租金報酬率高於貸款利率"，代表房子若之後沒有自住每年收的租金也足以抵銷房貸利息，不會發生需再支出額外資金來償還貸款的顧慮。

	A	B
1	表單 A	
2	房屋總價	$10,000,000
3	租金(月)	$20,000
4	租金報酬率	2.40%
5		
6		

輸入表單 B 各項數值

於範例原始檔已預先設計好表單 B 貸款試算表的欄位與樣式，預計自備款 300 萬，房貸利率 1.74%，分 30 年還完，另外將每月可負擔的租金 2 萬當成每月房貸金額進行後續的試算。接著如下輸入 **自備頭期款**、**貸款年數**、 **房貸利率(年)** 及 **每月可負擔租金(或房貸)**。

	A	B	C	D	E	F	G	H	I
1	表單 A			表單 B					
2	房屋總價	$10,000,000		自備頭期款	$3,000,000 ❶				
3	租金(月)	$20,000		貸款年數	❷—30				
4	租金報酬率	2.40%		房貸利率(年)	1.74% ❸				
5				每月可負擔租金(或房貸)	❹—$20,000				
6				貸款金額					
7				房屋總價					

❶ 選取 E2 儲存格輸入 **房屋總價**：「3000000」。

❷ 選取 E3 儲存格輸入 **貸款年數**：「30」。

❸ 選取 E4 儲存格輸入 **房貸利率(年)**：「1.74」。

❹ 選取 E5 儲存格輸入 **每月可負擔租金(或房貸)**：「20000」。

Tips

利用月薪推算每月可負擔的租金 (或房貸) 能力

一般來說，每月租金支出或房貸金額最好不要超過薪水的 3 成，因為房貸利率隨時會變動，因此房貸金額如果可以控制在月薪 3.5 成以下，就能保留一些利率調升的空間。

假設個人月薪 6 萬，每月租金支出或房貸金額估算不可以超過 2.1 萬 (6 萬 × 0.35)；若是雙薪家庭月所得 9 萬，則每月租金支出或房貸金額估算不可超過 3.15 萬 (9 萬 × 0.35)。

計算貸款金額與房屋總價

表單 B 中，透過 **每月可負擔租金 (或房貸)**、**貸款年數**、**房貸利率**，用 **PV** 函數推算出 **貸款金額**。

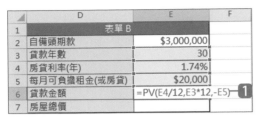 

1 選取 E6 儲存格，計算 **貸款金額**，輸入公式：**=PV(E4/12,E3*12,-E5)**。

> 房貸利率(年) ÷ 12 換算為月利率；**貸款年數** × 12 換算為月數
>
> **每月可負擔租金(或房貸)** 屬於支出行為所以金額以負數表示

2 選按 **常用** 索引標籤 \ **數值** 二下 (只求到整數值)。

利用加法公式，算出 **房屋總價**。

- 房屋總價 = 自備頭期款 + 貸款金額

	D	E	F	G
1		表單 B		
2	自備頭期款	$3,000,000		
3	貸款年數	30		
4	房貸利率(年)	1.74%		
5	每月可負擔租金(或房貸)	$20,000		
6	貸款金額	$5,606,109		
7	房屋總價	=E2+E6 ──**3**		

3 選取 E7 儲存格，計算 **房屋總價**，輸入公式：**=E2+E6**。

PV 函數

說明：計算現金價值。

格式：**PV(利率,總期數,定期支付額,未來價值,類型)**

引數：**利率**　　　每期的利率，年繳為年利率，月繳為月利率 (年利率 / 12)。

總期數　付款的總次數，年繳為年數，月繳為月數 (年數 × 12)。**利率** 和 **總期數** 的時間單位需相同，總期數若以月為單位，利率也要為月息。

定期支付額 各期所應支付的金額，用負數表示。

未來價值　即期數結束後的金額，若是省略將被視為 0。

類型　　　支付的時間點，1 為期初支付；0 或省略為期末支付。

試算完後可以發現，表單 B 中根據每月可負擔的 2 萬元租金 (或房貸)，可以貸到總價約 860 萬進行購屋，其中自備款為 300 萬。

如果目前想要買的房屋比 860 萬還貴，代表可能超過您目前租金 (或房貸) 的負擔能力，這時候可以考慮降低買房標準，以 860 萬以下的房價為考量基礎；若是不想降低住屋品質，就暫時維持月租 2 萬的支出，直到提高收入後再考慮買房。

	A	B	C	D	E	F	G
1		表單 A			表單 B		
2	房屋總價	$10,000,000		自備頭期款	$3,000,000		
3	租金(月)	$20,000		貸款年數	30		
4	租金報酬率	2.40%		房貸利率(年)	1.74%		
5				每月可負擔租金(或房貸)	$20,000		
6				貸款金額	$5,606,109		
7				房屋總價	$8,606,109		

透過 "租金報酬率" 及 "每月可負擔金額" 二種方法，以及每月固定租金 (或房貸) 的負擔能力，評估買房或租房。對不想養房又想住豪宅的人來說，月付租金的方式是個不錯的選擇；但對想努力擁有自己房子的人來說，如何找到適合自己能力範圍的房子就很重要。如果你的能力只能購買 860 萬以內的房子，可是卻想住豪宅，那買房子絕對不是最好的決定，除了可能要提高負擔金額，又可能要繳納比 30 年更長的貸款期限。總而言之一定要依自己的狀況找出最合適的選擇。

4.3 DIY 壽險評估表檢視家庭保障缺口

身故後根據個人想對家庭負擔的責任多寡，評估壽險保障是否足夠。

● 範例分析

Q 天有不測風雲，保險是為了當發生意外或疾病時，經濟不至陷於困頓，只是保險買多就是好嗎？已經規劃的保險，保障是否足夠？

A 保單類型有很多種，其中壽險保障 "意外" 和 "疾病" 所造成的身故，壽險額度的規劃，主要是根據身故後所應負擔的責任來考量，希望評估出符合自身能力與家庭需求的保障額度。

以家裡有二個小孩的小康家庭為例，身故之後每月想給配偶及子女共 4 萬元生活費、每位子女各有 5000 元教育金至大學畢業、父母共 2 萬元孝養金，預估支出 20 年；另外還有房屋貸款 100 萬及喪葬費 30 萬的支出。

可運用金額有：預估勞保死亡給付 140 萬元、壽險 300 萬、存款約 300 萬、基金及股票等投資約 100 萬，加上退休金 100 萬的狀況下，算出實際保障缺口及完成比例。

用 **SUM** 函數分別加總 **家庭保障需求**、**已投保保額**、**現金資產**、**其他** 項目的 **準備金額**。

用 **支出/收入(月)** 與 **準備年數**，計算 **家人生活費**、**子女教育金** 及 **父母孝養金** 的 **準備金額**，其中 "年數" 要先換算為 "月"。

項目	支出/收入(月)	準備年數	準備金額	備註
家人生活費	$40,000	20	$9,600,000	
子女教育金	$10,000	20	$2,400,000	每月支出金額×扶養人數
父母孝養金	$20,000	20	$4,800,000	
貸款餘額	-	-	$1,000,000	房租、房屋貸款、信用貸款或其他貸款...等加總
喪葬支出	-	-	$300,000	
家庭保障需求			$18,100,000	
社會保險	-	-	$1,400,000	公教人員/軍人/勞工/農民/國民年金，視不同身分而定
商業壽險	-	-	$3,000,000	個人投保的壽險總額
已投保保額			$4,400,000	
儲蓄存款	-	-	$3,000,000	
投資金額	-	-	$1,000,000	股票、基金、不動產...等加總
現金資產			$4,000,000	
退休金	-	-	$1,000,000	勞工退休金分為新、舊制
其他			$1,000,000	
壽險保額缺口			$8,700,000	
完成比例			52%	

每月 **子女教育金** 支出金額 × 扶養人數

用 **家庭保障需求**、**已投保保額**、**現金資產**、**其他** 項目加總的 **準備金額**，計算 **壽險保額缺口** 及 **完成比例**。

規劃壽險保障時，保險業務員常會以 "雙十原則" 的標準檢視：保險支出不超過家庭 (或個人) 年收入的 1/10，壽險保障額度以家庭 (或個人) 年收入的 10 倍為依據，但仍需考量個別差異且衡量自身能力，根據家人生活費、長輩孝養金、貸款、喪葬...等責任規劃，計算出實際的保障缺口。

● 立即試算

輸入與計算評估表的各項數值

於範例原始檔已預先設計好評估表的欄位與樣式，接著請輸入各項 **支出/收入(月)**、**準備年數** 及 **準備金額** 欄位數值，並設計運算公式。

	A	B	C	D	E
1				壽險保額評估表	
2	項目	支出/收入(月)	準備年數	準備金額	備註
3	家人生活費	$40,000	20		
4	子女教育金	=5000*2	20		每月支出金額×扶養人數
5	父母孝養金	$20,000	20		
6	貸款餘額	-	-	$1,000,000	房租、房屋貸款、信用貸款或其他貸款...等加總
7	喪葬支出	-	-	$300,000	
8	家庭保障需求				
9	社會保險	-	-	$1,400,000	公教人員/軍人/勞工/農民/國民年金，視不同身分而定
10	商業壽險	-	-	$3,000,000	個人投保的壽險總額
11	已投保保額				
12	儲蓄存款	-	-	$3,000,000	
13	投資金額	-	-	$1,000,000	股票、基金、不動產...等加總
14	現金資產				
15	退休金			$1,000,000	勞工退休金分為新、舊制

1 輸入 **家人生活費**、**子女教育金**、**父母孝養金** 的 **支出** 金額與 **準備年數**，再於 **準備金額** 欄位輸入 **貸款餘額**、**喪葬支出**...等金額。

2 選取 B4 儲存格計算每月需支出的二位 **子女教育金**，輸入公式：**=5000*2**。

	A	B	C	D
1				壽險保額評估
2	項目	支出/收入(月)	準備年數	準備金額
3	家人生活費	$40,000	20	=B3*12*C3
4	子女教育金	$10,000	20	
5	父母孝養金	$20,000	20	
6	貸款餘額	-		$1,000,000

B	C	D	
		壽險保額評估表	
支出/收入(月)	準備年數	準備金額	
$40,000	20	$9,600,000	
$10,000	20	$2,400,000	每月支出金
$20,000	20	$4,800,000	
-	-	$1,000,000	目、房

3 選取 D3 儲存格，計算 **準備金額**，輸入公式：**=B3*12*C3**。

4 按住 D3 儲存格右下角的 **填滿控點** 往下拖曳，至 D5 儲存格再放開滑鼠左鍵，完成第 **子女教育金** 及 **父母孝養金** 公式複製。

加總準備金額

評估表分成 **家庭保障需求**、**已投保保額**、**現金資產** 和 **其他** 四大部分,以下用 **SUM** 函數加總四個部分的總金額。

▲	A	B	C	D	E
1				壽險保額評估表	
2	項目	支出/收入(月)	準備年數	準備金額	備註
3	家人生活費	$40,000	20	$9,600,000	
4	子女教育金	$10,000	20	$2,400,000	每月支出金額×扶養人數
5	父母孝養金	$20,000	20	$4,800,000	
6	貸款餘額	-	-	$1,000,000	房租、房屋貸款、信用貸款或其他貸款...等加總
7	喪葬支出	-	-	$300,000	
8	家庭保障需求			=SUM(D3:D7) ❶	

❶ 選取 D8 儲存格,計算 **家庭保障需求** 的 **準備金額**,為 **家人生活費** + **子女教育金** + **父母孝養金** + **貸款餘額** + **喪葬支出**,輸入公式:**=SUM(D3:D7)**。

▲	A	B	C	D	E
8	家庭保障需求			$18,100,000	
9	社會保險		-	$1,400,000	公教人員/軍人/勞工/農民/國民年金,視不同身分而定
10	商業壽險		-	$3,000,000	個人投保的壽險總額
11	已投保保額			=SUM(D9:D10) ❷	

❷ 選取 D11 儲存格,計算 **已投保保額** 的 **準備金額**,為 **社會保險** + **商業壽險**,輸入公式:**=SUM(D9:D10)**。

▲	A	B	C	D	E	F
11	已投保保額			$4,400,000		
12	儲蓄存款	-	-	$3,000,000		
13	投資金額	-	-	$1,000,000	股票、基金、不動產...等加總	
14	現金資產			=SUM(D12:D13) ❸		

❸ 選取 D14 儲存格,計算 **現金資產** 的 **準備金額**,為 **儲蓄存款** + **投資金額**,輸入公式:**=SUM(D12:D13)**。

▲	A	B	C	D	E	F
14	現金資產			$4,000,000		
15	退休金	-	-	$1,000,000	勞工退休金分為新、舊制	
16	其他			=SUM(D15) ❹		
17	壽險保額缺口			SUM(number1, [number2], ...)		
18	完成比例					

❹ 選取 D16 儲存格,計算 **其他** 的 **準備金額**,輸入公式:**=SUM(D15)**。

計算壽險保額缺口

想要知道自己的保障額度是否足夠，建議先估算身故之後預計要負擔的家庭保障需求金額，然後再扣除目前已有的社會保險、商業保險、現金資產及可領取之退休金，就可以算出壽險保額缺口。

■ 壽險保額缺口的準備金額 = 家庭保障需求 − 已投保保額 − 現金資產 − 其他

	A	B	C	D	
8	家庭保障需求			$18,100,000	
9	社會保險	-	-	$1,400,000	公教人員
10	商業壽險	-	-	$3,000,000	個人投
11	已投保保額			$4,400,000	
12	儲蓄存款	-	-	$3,000,000	
13	投資金額	-	-	$1,000,000	股票、
14	現金資產			$4,000,000	
15	退休金	-	-	$1,000,000	勞工退
16	其他			$1,000,000	
17	壽險保額缺口			1 = - - -	

▶

B	C	D	
		$18,100,000	
-	-	$1,400,000	公教人員
-	-	$3,000,000	個人投保
		$4,400,000	
-	-	$3,000,000	
-	-	$1,000,000	股票、基
		$4,000,000	
-	-	$1,000,000	勞工退休
		$1,000,000	
	2	$8,700,000	

1 選取 D17 儲存格，計算 **壽險保額缺口** 的 **準備金額**，輸入公式：

=D8-D11-D14-D16。

2 求得 **壽險保額缺口**：870 萬，代表目前壽險保額還少 870 萬。

計算壽險準備完成率

計算出壽險保額缺口後，根據 "已備金額" 跟 "應備金額" 之間變化的百分比，統計壽險額度的完成比例。

- 完成比例 = (已投保保額 + 現金資產 + 其他) ÷ 家庭保障需求

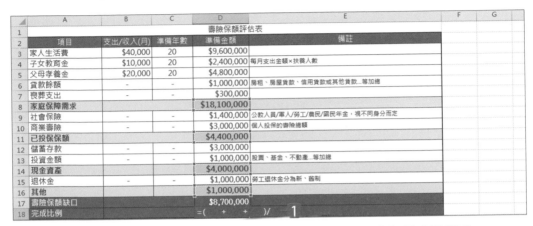

1 選取 D18 儲存格計算 **完成比例**，輸入公式：**=(D11+D14+D16)/D8**。

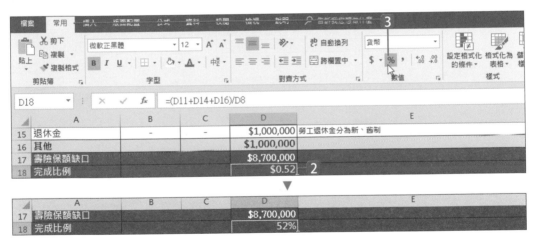

2 選取 D18 儲存格。

3 選按 **常用** 索引標籤 \ **數值** %，將數值變更為百分比。

試算完後可以發現，以這個範例來說目前壽險保額還少 870 萬，完成比例為 52%。

根據缺口的狀況，考量自身經濟能力，另外挑選適合投保的商品，或是調整目前的壽險內容，補足短少的壽險額度，讓保障不僅達到全面性，更能發揮最大效益，完整照顧身邊的家人！

項目	支出/收入(月)	準備年數	準備金額
家人生活費	$40,000	20	$9,600,000
子女教育金	$10,000	20	$2,400,000
父母孝養金	$20,000	20	$4,800,000
貸款餘額	-	-	$1,000,000
喪葬支出	-	-	$300,000
家庭保障需求			$18,100,000
社會保險	-	-	$1,400,000
商業壽險	-	-	$3,000,000
已投保額			$4,400,000
儲蓄存款	-	-	$3,000,000
投資金額	-	-	$1,000,000
現金資產			$4,000,000
退休金	-	-	$1,000,000
其他			$1,000,000
壽險保額缺口			$8,700,000
完成比例			52%

Tips

名詞說明：社會保險、商業保險

社會保險：由國家強制人民參與各種保險，預先為疾病、生育、失能、失業、職業災害、老年與死亡...等風險做準備的社會保障制度。

商業保險：商業保險的經營以盈利為目的，主要由商業保險公司與投保人通過訂立保險合約並收取保費，以保障被保險的人和物 (包含有形和無形的)。

Tips

終身壽險、定期壽險哪個好？

商業保險中最容易混淆的就屬終身壽險與定期壽險。

終身壽險因為保障終身，所以保費相對較高，對於付費能力較高的族群，會選擇透過終身壽險將保障金額留給家人。

定期壽險則是具有低保費、高保障的特性，保費以投保那一年的年齡與在過去的統計資料中呈現的死亡率計算 (例如：現在年齡 25 歲，死亡率為千分之一，投保 1 仟萬壽險則保費 1 萬元，待 30 歲若死亡率為千分之二，保費就會變成 2 萬)，每年的保費會隨著年齡逐漸增加，主要提供家庭責任較重且預算有限的族群，萬一家庭經濟支柱不幸身故或完全殘廢，家人可獲得一筆保險金。

名詞說明：勞工退休金

當勞工退休時，雇主應給予的退休保障，屬於雇主對員工的一種法定責任。退休金分為新、舊制，舊制依 "勞動基準法" 辦理，新制 (94年 7 月 1 日施行) 則依 "勞工退休金條例" 辦理。

若為就職期間勞工死亡，應由勞工之遺囑指定請領人請領退休金，可以透過事業單位、雇主提出申請或直接向勞保局請領。

勞保死亡給付 (正在領取老年年金或失能年金)

為保障遺屬基本生活，被保險人在領取老年年金或失能年金期間死亡，符合請領條件的遺屬可選擇 "一次請領老年給付扣除已領年金總額之差額" (簡稱老年差額金) 或 "遺屬年金" 的給付條件。

■ **老年差額金**：被保險人在領取老年年金 (或失能年金) 期間死亡，領取的年金總額還不到原本一次請領老年給付的金額時，被保險人遺屬 (為法令直接規定，被保險人生前不得自行指定) 在符合請領資格下，可以選擇老年差額金 (一次請領老年給付金額 − 已領老年給付總金額)

■ **遺屬年金**：按照被保險人生前每月領取老年年金 (或失能年金) × 50% 發放，金額不足 3000 元，按 3000 元發放。若同一順序遺屬有 2 人以上時，每多 1 人加發 25%，最多加計 50%。遺屬一旦喪失請領資格 (如：擇領老年年金 (老年差額金)、配偶再婚...等)，勞保局自事實發生的次月起停止發放。

更詳細的給付簡介，可參考勞保局網站 (https://s.yam.com/wirnv)。

Tips

勞保死亡給付 (在職期間；年資未滿 15 年)

投保勞工保險的被保險人 (簡稱被保險人) 於在職期間死亡，可依
勞工保險條例規定，請領 "喪葬津貼"、"遺屬津貼" 或 "遺屬年金" (二者擇一) 給
付項目。在保險有效期間，本人死亡給付為例：

- **喪葬津貼**：被保險人因為普通傷病、職業傷害或罹患職業病死亡時，支出殯葬
  費之人，可以按照被保險人死亡前 6 個月 (含當月) 的平均月投保薪資，請領 5
  個月喪葬津貼。
- **遺屬津貼**：被保險人因為普通傷病死亡時，被保險人遺屬在符合請領資格下，
  可以按照被保險人死亡前 6 個月 (含當月) 的平均月投保薪資，依保險年資最多
  請領 30 個月遺屬津貼。
- **遺屬年金**：主要用於長期照顧被保險人遺屬生活。當被保險人在加保期間死亡
  時，被保險人遺屬在符合請領資格下，可以按照被保險人死亡前平均月投保薪
  資 × 年資 × 1.55% 請領每月年金，其中最低保障 3,000 元，若同一順序遺屬有
  2 人以上時，每多 1 人加發 25%，最多加計 50%。

更詳細的給付簡介，可參考勞保局網站 (https://s.yam.com/M56xu、https://
s.yam.com/hz8Tp)。

Tips

勞保死亡給付 (在職期間；年資滿 15 年)

被保險人保險年資滿 15 年，尚未領取老年給付之前死亡，符合
請領條件的遺屬可選擇 "遺屬年金" 或 "一次請領老年給付" 給付項目。

- **遺屬年金**：按照被保險人生前每月領取老年年金 (或失能年金) × 50% 請領，金
  額不足 3000 元，按 3000 元發放。若同一順序遺屬有 2 人以上時，每多 1 人
  加發 25%，最多加計 50%。遺屬一旦喪失請領資格，如擇領老年年金、配偶再
  婚...等)，勞保局自事實發生的次月起停止發放。
- **一次請領老年給付**：被保險人的勞保年資若超過 15 年，符合老年給付請領條
  件，於尚未領取老年給付前死亡，符合請領條件的遺屬，可以選擇一次領回老
  年給付。

更詳細的給付簡介，可參考勞保局網站 (https://s.yam.com/M56xu、https://
s.yam.com/hz8Tp)。

幸福退休試算

佈局富足人生享受退休好生活

退休後期望身邊有一筆錢,好因應往後的老年生活,就必須
趁年輕及早準備。在政府建構的勞保年金化及勞退新制雙制
度下,對不同世代的勞工,經濟保障也有程度上的不同,了
解自身狀況,試算有利的請領方式,安定退休生活!

勞保老年給付應該月領還是一次領？

弄懂勞保老年給付，在一次請領與月提領方式比較下，找出最佳選擇！

● 範例分析

Q 勞保年金上路後，最近不時傳出 10 年後瀕臨破產的訊息，怕老本落空，是否一次請領勞保年金比申請月領來得更有保障？

A 依照現行制度，月領最後領到的總金額，約是一次領的兩倍，為了避免利率下跌、通貨膨漲...等因素導致一次請領給付金額的縮水風險，並以保障老年經濟生活為目的，月領年金讓你活到老、領到老，應該是較為划算的方式！

此份勞保老年給付請領比較表，將評估張先生適合的方案：張先生 46 年次，民國 98 年以前就參加勞保了，目前已達 60 歲退休年齡，勞保年資 21 年 10 個月。不管是退職當月前 3 年的平均月投保薪資或是勞保期間最高 60 個月的平均月投保薪資皆為 42000 元。

用勞動部勞工保險局網站查詢 **投保薪資** 及 **勞保年資(年數｜月數)**

分別試算 "一次請領老年給付" 與 "老年年金(月領)" 預估給付金額，看看如何選擇比較有利。

退休年齡	60
投保薪資	$42,000
年資計算起	1996/11/1
年資計算訖	2018/8/6
勞保年資(年數｜月數)	21　10
勞保年資(年)	21.83
平均餘命-男	76
平均餘命-女	83

一次請領老年給付	
退保前3年平均月投保薪資	$42,000
給付月數	27
給付金額	$1,134,000

老年年金(月領)	
加保期間最高60個月的平均月投保薪資	$42,000
第一式給付金額	$10,106
第二式給付金額	$14,211
預估給付金額	$2,728,575

將原本以 "年數" 及 "月數" 呈現的勞保年資用 **Round** 函數換算成以 "年" 為單位的數值。

Tips

名詞說明：勞保老年給付

所謂的勞工保險 (勞保)，是政府舉辦的社會保險制度，主要為了安定勞工生活，讓他們安心工作。而勞保老年給付，是政府、雇主、和勞工共同繳納的保險費，根據個人的薪資等級，自動從勞工薪資裡扣繳，等退休後就可以提領。

▶ 立即試算

查詢勞保年資與投保薪資

透過勞保局網站查詢個人的勞保年資與投保薪資，可快速試算勞保的老年給付金額。

1 開啟瀏覽器，進入勞保局網站 (https://www.bli.gov.tw/)，選按 **勞工保險**。

2 於 **勞工保險** 頁面最右側的 **網路櫃檯** 選按 **個人申報及查詢**。

3 使用讀卡機，插入自然人憑證 IC 卡，輸入 IC 卡密碼 (PIN 碼)、身分證號及出生日期 (依下方指示格式輸入)，選按 **登入** (若出現系統公告注意事項於瀏覽後按其右上角 ❸ 關閉)。

4 在 **個人網路申報及查詢作業** 頁面，若選按 **查詢作業 \ 投保年資查詢 \ 勞工保險年資**，可查看投保年資的相關記錄，包含加保單位、年資起訖時間…等，請記下 **年資計算起** 與 **年資計算訖** 的日期。

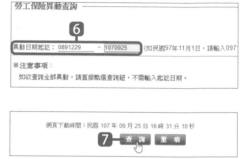

5 接著選按 **查詢作業 \ 異動查詢 \ 勞工保險異動**。

6 輸入欲查詢的起訖日期。

7 選按 **查詢**，查詢結果會列出指定期間的保險狀況，根據異動內容請記下此範例中需要的退保前 3 年的月投保薪資，並粗略估算出平均月投保薪資，查詢結束後，選按 **登出系統** 離開頁面。

	A	B	C	D	E	F	G	H	I	J
1	退休年齡	60			一次請領老年給付					
2	投保薪資	$42,000			退保前3年平均月投保薪資			$42,000		
3	年資計算起	1996/11/1			給付月數					
4	年資計算訖	2018/8/6			給付金額					
5	勞保年資(年數|月數)	21	10				⑧			
6	勞保年資(年)				老年年金(月領)					
7	平均餘命-男	76			加保期間最高60個月的平均月投保薪資			$42,000		
8	平均餘命-女	83			第一式給付金額					
9					第二式給付金額					
10					預估給付金額					

⑧ 回到 Excel，於範例原始檔已預先設計好勞保試算欄位與資料，請如上圖依查詢到的內容輸入指定儲存格中。

Tips

名詞說明：自然人憑證 IC 卡

自然人憑證 IC 卡由內政部憑證管理中心 (https://s.yam.com/ypPrq) 簽發 (必須提出申請才能辦理)，採用憑證工具的加密技術，讓你在網路上交換資料時，可以透過這個 "網路身分證" 辨識雙方身分，降低個人資料外洩的危險。

備妥身份證及 250 元工本費，到戶政事務所填寫申請書，即可當場取得自然人憑證的 IC 卡 (5 年使用期限及展期 3 年)，有了這張 IC 卡不用再跑政府機關，只要在家上網，就可以輕鬆申辦政府業務。

個人勞保資料的其他查詢方式

除了前面提到使用自然人憑證 IC 卡進入勞保局 e 化服務系統查詢勞保資料的方式外，還有以下五種 (詳細內容可參考勞保局網頁 https://s.yam.com/S7J2n)：

■ **勞保局行動服務 App**：下載 **勞保局行動服務** App 後，先透過勞保局網站 (https://edesk.bli.gov.tw/) 利用自然人憑證 IC 卡登入勞保局 e 化服務系統建立行動服務帳號，取得帳號密碼，再認證帳號及行動裝置，就可以透過行動裝置查詢個人投保資料。

■ **勞動保障卡**：準備身份證及其他附有照片的健保卡、駕照...等證件正本，可以向土銀、玉山、台北富邦、台新、第一，五家銀行的其中一家或多家申請勞動保障卡，申辦完全免費，核卡工作天數 3-7 天，缺點是只能在該申請銀行的自

動櫃員機查詢個人勞保資料。

■ **郵政金融卡**：準備身分證、儲金簿、原留印鑑及郵政金融卡 (含晶片金融卡或 VISA 金融卡)，到全國各地中華郵政申請並簽署同意書，約 2 個工作天，可透過郵局所屬的自動櫃員機查詢、列印勞保資料。

■ **電話**：只要備妥姓名、出生年月日、身份證字號及最近服務單位名稱，也可以透過電話查詢 (只能查到勞保總年資)。語音查詢付費電話請撥 412-1111 轉 123#；行動電話及外島地區請撥 02-412-1111 轉 123#；勞保局電話服務中心請撥 02-23961266 轉分機 3111。

■ **勞保局各地辦事處**：準備附有本人照片的證件正本 (身分證、駕照、護照、健保 IC卡) 親自到本局各辦事處，即可當場取得勞保投保資料。若委託他人查詢，受託人應備妥委託書，並攜帶雙方附有相片的證件正本及印章代為申請。

勞保老年給付資格與標準

勞保老年給付資格與標準有三種：

- 一次請領老年給付 (98 年 1 月 1 日前有勞保年資者可請領)
- 老年一次金給付 (98 年 1 月 1 日後參加勞保，年滿 60 歲，年資未滿 15 年者可請領)
- 老年年金給付 (98 年 1 月 1 日後參加勞保，年資滿 15 年者可請領)

範例中張先生的投保資料，符合 "一次請領老年給付" 及 "老年年金給付" 的請領資格，接下來試算這二種給付方式，看哪一種可以領比較多。

勞保年資換算成以年為計算單位

為了方便計算後續老年年金的金額，將原本分別用 "年數" 及 "月數" 表示的勞保年資，換算成以年為單位。

- 勞保年資 = 勞保年資 (年數) + Round (勞保年資 (月數) ÷ 12,2)。

	A	B	C	D	E
1	退休年齡	60			
2	投保薪資	$42,000			退保前3年平均月
3	年資計算起	1996/11/1			給付月數
4	年資計算迄	2018/8/6			給付金額
5	勞保年資(年數 | 月數)	21	10		
6	勞保年資	=B5+ROUND(C5/12,2)			
7	平均餘命-男	76			加保期間最高60個
8	平均餘命-女	83			第一式給付金額

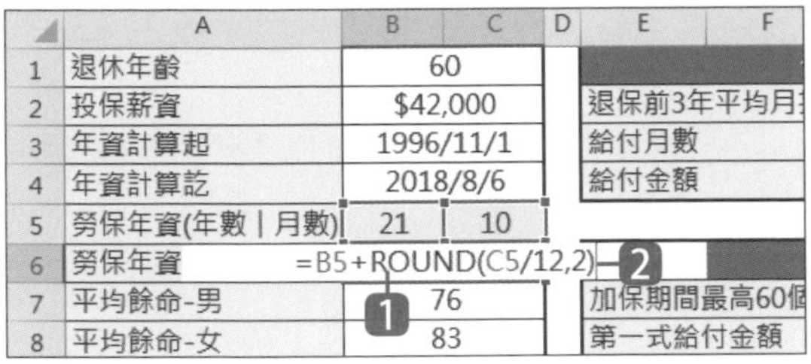

1. 選取 B6 儲存格。
2. 計算 **勞保年資(年)**，輸入公式：
   =B5+ROUND(C5/12,2)

> **Tips**
>
> **勞保年資計算方式**
>
> 98 年 1 月 1 日勞保年金施行後，計算給付標準時，保險年資未滿 1 年者，依實際加保月數按比例計算；未滿 30 日者，以 1 個月計算 (計算至小數第二位，第三位四捨五入)。
>
> 例如：實際投保年資 15 年 4 個月 20 天，換算成 "15 又 12 分之 5" 年 (15.42 年) 計算核給。

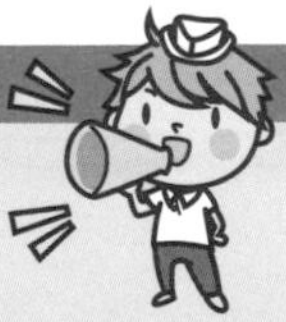

說明：將數值四捨五入到指定位數。

格式：**ROUND(數值,位數)**

引數：**數值**　要四捨五入的值、運算式或儲存格位址 (不能指定範圍)。

　　　位數　指定四捨五入的位數。
　　　　　‧輸入「-2」取到百位數。(例如：123.456，取得 100。)
　　　　　‧輸入「-1」取到十位數。(例如：123.456，取得 120。)
　　　　　‧輸入「0」取到個位數。(例如：123.456，取得 123。)
　　　　　‧輸入「1」取到小數點以下第一位。(例如：123.456，取得 123.5。)
　　　　　‧輸入「2」取到小數點以下第二位。(例如：123.456，取得 123.46。)

計算一次請領老年給付的月數及金額

一次請領的金額，主要依據 **退保前 3 年平均月投保薪資** 與 **給付月數**，其中勞保年資每滿 1 年，按其平均月投保薪資發給 1 個月；超過 15 年的部分 (第 16 年起)，每滿 1 年，則發給 2 個月，最高以 45 個月為限。

超過 60 歲之後的勞保年資最多計算 5 年，給付月數最高以 5 個月為限；合併 60 歲以前的給付月數，最高以 50 個月為限。

- 未超過 60 歲的給付月數 = 15 × 1 ＋ (勞保年資(年數) － 15) × 2

- 一次請領給付金額 = 退保前 3 年平均月投保薪資 × 給付月數

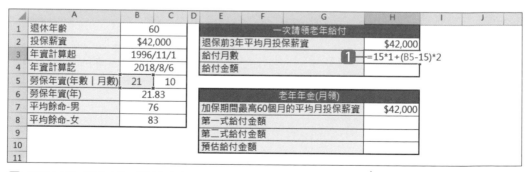

1 選取 H3 儲存格，計算未超過 60 歲的 **給付月數** (若有超過 60 歲，請依上方說明累加月數)，輸入公式：**=15*1+(B5–15)*2**。

	D	E	F	G	H
1			一次請領老年給付		
2		退保前3年平均月投保薪資			$42,000
3		給付月數			27
4		給付金額		②—	=H2*H3
5					
6			老年年金(月領)		
7		加保期間最高60個月的平均月投保薪資			$42,000
8		第一式給付金額			
9		第二式給付金額			
10		預估給付金額			
11					

▶

	F	G	H
1		一次請領老年給付	
2	灯3年平均月投保薪資		$42,000
3	汀數		27
4	☰額		$1,134,000
5			
6		老年年金(月領)	
7	朞間最高60個月的平均月投保薪資		$42,000
8	戊給付金額		
9	戊給付金額		
10	鈤付金額		
11			

② 選取 **H4** 儲存格，計算 **給付金額**，輸入公式：**=H2*H3**。

Tips

一次請領老年給付的請領資格

98 年 1 月 1 日前有勞保年資，並符合下列條件者，可以申請一次請領老年給付 (詳細內容可參考勞保局網頁 https://s.yam.com/nb3mQ)：

■ 勞保年資合計滿 1 年，年滿 60 歲或女性年滿 55 歲退職者。

■ 勞保年資合計滿 15 年，年滿 55 歲退職者。

■ 同一投保單位勞保年資合計滿 25 年退職者。

■ 勞保年資合計滿 25 年，年滿 50 歲退職者。

■ 擔任具有危險、堅強體力...等特殊性質工作合計滿 5 年，年滿 55 歲退職者。

■ 轉投軍人保險、公教人員保險，符合勞工保險條例第 76 條保留勞保年資規定退職者。

一次請領老年給付的線上試算

透過勞保局官網的一次請領老年給付試算網頁 (https://s.yam.com/NeMRk)，輸入月投保薪資及保險年資，可以輕鬆試算出一次請領的金額！

試算結果僅供參考，實際領取金額仍以勞保局核定為準。

一次請領老年給付	
退職當月起(含當月)前3年平均月投保薪資：	42000 元
參加保險年資：滿60歲前之保險年資	21 年 0 ▼ 月
滿60歲後之保險年資	0 ▼ 年 0 ▼ 月

* *

1. 可一次請領老年給付： 1134000 元。

計算老年年金的月領金額

此範例張先除了可以一次領外，也可以選擇按月領取老年年金，以保障退休後的長期生活，並依照以下二種方式擇優給付。

- 第一式 = 加保期間最高 60 個月的平均月投保薪資 × 勞保年資 (年) × 0.775% + 3000 元。

- 第二式 = 加保期間最高 60 個月的平均月投保薪資 × 勞保年資 (年) × 1.55%。

1️⃣ 選取 H8 儲存格，計算 **第一式給付金額**，輸入公式：**=H7*B6*0.775%+3000**。

	A	B	C	D	E	F	G	H	I	J
1	退休年齡	60				一次請領老年給付				
2	投保薪資	$42,000			退保前3年平均月投保薪資			$42,000		
3	年資計算起	1996/11/1			給付月數			27		
4	年資計算訖	2018/8/6			給付金額			$1,134,000		
5	勞保年資(年數 ︳月數)	21	10							
6	勞保年資(年)	21.83				老年年金(月領)				
7	平均餘命-男	76			加保期間最高60個月的平均月投保薪資			$42,000		
8	平均餘命-女	83			第一式給付金額			$10,106		
9					第二式給付金額		2️⃣	=H7*B6*1.55%		
10					預估給付金額					

2️⃣ 選取 H9 儲存格，計算 **第二式給付金額**，輸入公式：**=H7*B6*1.55%**。

E	F	G	H	I
	一次請領老年給付			
退保前3年平均月投保薪資			$42,000	
給付月數			27	
給付金額			$1,134,000	
	老年年金(月領)			
加保期間最高60個月的平均月投保薪資			$42,000	
第一式給付金額			$10,106	
第二式給付金額			$14,211	
預估給付金額				

從二個公式計算出來的數字可以發現，第二式給付金額大於第一式，所以採用第二式領的金額會比較多。

老年年金的請領資格

符合下列規定之一者，可以申請老年年金給付 (詳細內容可參考
勞保局網頁 https://s.yam.com/nb3mQ)：

■ 年滿 60 歲，保險年資合計滿 15 年，並辦理離職退保者。(請領年齡如下表逐
步提高)

出生年次	46 年(含)以前	47 年	48 年	49 年	50 年	51 年(含)以後
民國-年	98-106	107-108	109-110	111-112	113-114	115 以後
法定請領年齡	60 歲	61 歲	62 歲	63 歲	64 歲	65 歲

■ 年滿 55 歲，擔任特殊性質的工作合計滿 15 年，並辦理離職退保者，但不適用
"請領年齡逐步提高" 及 "展延及減給" 資格。

■ 年滿 65 歲，勞保年資未滿 15 年，但合併國保年資後滿 15 年者。

※ 減給老年年金或展延老年年金：提前或延後請領老年年金 1 年按給付金額增
減 4% (最多提前 5 年)，最多增減 20%。(提前或延後未滿 1 年者，按實際月
數所佔比例計算)

老年年金的線上試算

透過勞保局官網的老年年金試
算網頁 (https://s.yam.com/
CUK49)，輸入出生年、年齡、
平均月投保薪資及勞保年資，可
以輕鬆試算出月領金額！

試算結果僅供參考，實際領取金
額仍以勞保局核定為準。

老年年金給付

出生年度： 42 年
年齡： 60 歲 0 ▼ 個月
最高60個月之平均投保薪資： 42000 元
參加保險年資： 21 年又 10 ▼ 個月(保險年資滿15年以上，始可請領

＊＊＊＊＊＊＊＊＊＊＊＊＊＊＊＊＊＊＊＊＊＊＊＊＊＊＊

可請領老年年金給付(以下兩式擇優發給，請參考)：

第一式計算金額： 10106 元。

第二式計算金額： 14211 元。

注意事項

申請勞保老年給付前可以先到勞保局各地辦事處或網站試算給付金額，審慎考
慮後，再選擇按月領取或一次給付，一旦經勞保局核付後，就不得變更，日後
不得以未離職為由要求退回已領給付金額。

預估提領年數與給付金額

計算出老年年金的月領金額後，根據國人平均餘命進一步預估可提領年數及總金額。

- 老年年金預估給付金額 = 第一式或第二式給付金額 (擇優) × (平均餘命－退休年齡) × 12。

	A	B	C	D	E	F	G	H	I	J
1	退休年齡	60			一次請領老年給付			$42,000		
2	投保薪資	$42,000			退保前3年平均月投保薪資			$42,000		
3	年資計算起	1996/11/1			給付月數			27		
4	年資計算訖	2018/8/6			給付金額			$1,134,000		
5	勞保年資(年數｜月數)	21	10							
6	勞保年資(年)	21.83			老年年金(月領)					
7	平均餘命-男	76			加保期間最高60個月的平均月投保薪資			$42,000		
8	平均餘命-女	83			第一式給付金額			$10,106		
9					第二式給付金額			$14,211		
10					預估給付金額		❶	=H9*(B7-B1)*12		

▼

	A	B	C	D	E	F	G	H	I	J
1	退休年齡	60			一次請領老年給付					
2	投保薪資	$42,000			退保前3年平均月投保薪資			$42,000		
3	年資計算起	1996/11/1			給付月數			27		
4	年資計算訖	2018/8/6			給付金額			$1,134,000		
5	勞保年資(年數｜月數)	21	10							
6	勞保年資(年)	21.83			老年年金(月領)					
7	平均餘命-男	76			加保期間最高60個月的平均月投保薪資			$42,000		
8	平均餘命-女	83			第一式給付金額			$10,106		
9					第二式給付金額			$14,211		
10					預估給付金額		❷	$2,728,575		

❶ 選取 H10 儲存格，計算 **預估給付金額**，輸入公式：**=H9*(B7-B1)*12**。

❷ **預估給付金額** 為 272 多萬元。

> 根據男性平均餘命數值，計算出自退休後所能領取的月數。

試算完後可以發現，按月領取老年年金，除了可以避免一次請領所遭遇的風險，而且經試算，老年年金只要領到 8 年就超過一次請領的金額。選擇老年年金，讓你活到老領到老，享有安定且有尊嚴的退休生活。

Tips

名詞說明：平均餘命

從一個人現在的年齡算起，預期可以繼續存活的平均年數。內政部 106 年簡易生命表 (https://s.yam.com/F4X3h) 統計數據顯示，國人平均餘命約 80.0 歲，其中男性約 76.8 歲、女性約 83.4 歲。

Tips

老年一次金的請領資格、公式及給付標準

詳細內容可參考勞保局網頁 (https://s.yam.com/nb3mQ)：

- **請領資格**：年滿 60 歲，勞保年資合計未滿 15 年，並辦理離職退保者 (請領年齡如下表逐步提高)。

出生年次	46 年(含)以前	47 年	48 年	49 年	50 年	51 年(含)以後
民國-年	98-106	107-108	109-110	111-112	113-114	115 以後
法定請領年齡	60 歲	61 歲	62 歲	63 歲	64 歲	65 歲

- **計算公式**：加保期間最高 60 個月的平均月投保薪資 × 給付月數
- **給付月數標準**：勞保年資合計每滿 1 年，按平均月投保薪資發給 1 個月；勞保年資未滿 1 年，按實際月數所佔比例計算；未滿 30 日，以 1 個月計算，超過 60 歲以後的勞保年資，最多以 5 年計算。

Tips

申請勞保老年給付要準備哪些文件？

詳細內容可參考勞保局網頁 (https://s.yam.com/nb3mQ)：

- 老年給付申請書及給付收據。
- 沒有在國內設戶籍者，應檢附身份證明相關文件。
- 符合擔任具有危險、堅強體力...等特殊性質的工作退職者，須另外檢附工作證明文件。
- 轉投軍人保險、公教人員保險退職者，須另外檢附載有轉投該保險日期及依軍人保險條例請領退伍給付、依公教人員保險法請領養老給付之證明文件。

佈局富足人生享受退休好生活 **幸福退休試算** Part 5 5-13

5.2 勞工退休金舊制+新制可以領多少？

勞退新制與舊制有何不同？如何請領比較有利？退休金算法大公開！

◉ 範例分析

Q 勞退新制上路後，所謂舊制與新制到底哪裡不同？選擇新制後，舊制年資怎麼辦？新舊制年資如果合併計滿 15 年，也可以跟勞保一樣按月領取退休金嗎？

A 其實勞工選擇新制並繼續留在現職到退休，只要符合條件，除了可以領到勞退新制的 6% 退休金外，因為舊制年資被保留，在符合舊制退休條件下，也可以跟雇主請領舊制退休金！

此份勞退新舊制試算表，將評估老王適合的方案：老王在現職公司服務 23 年，60 歲申請退休，其中 94 年 7 月勞退新制上路前已在公司任職 10 年，老王希望退休前一直待在現職公司，所以勞退新制實施後選擇新制算法。從 94 年 7 月到今年 (107)，老王的勞退新制年資有 13 年，平均薪資 42000 元。

勞工退休金試算表-舊制	
退休前 6 個月平均薪資	$42,000
工作年資(年)	10
基數	20
舊制可領金額	$840,000

勞工退休金試算表-新制專戶+舊制結清	
申請退休年齡	60
勞工退休金個人專戶金額	$1,000,000
專戶新制與舊制累積金額	$1,840,000
平均餘命	24
實際利率 (退休前 3 年保證收益率的平均數)	1.1843%
名目利率	1.1780%
退休金每月領取金額	$7,330
退休金領取總金額	$2,111,155

先試算老王舊制可領金額，再結清舊制退休金移入新制勞退個人專戶，為老王爭取最優退休金領取方式與金額。

Tips

名詞說明：勞工退休金

"勞工退休金" 與 "勞保老年給付" 是不一樣的，勞工退休金是一種強制雇主應給付勞工退休金的制度，分為舊、新制：舊制依 "勞動基準法" 辦理；新制則依 "勞工退休金條例" 辦理。

 立即試算

94 年 7 月 1 日勞退新制上路後，勞退舊制給付規定並沒有改變，只要符合條件還是一樣可以請領。以這個範例來說，老王已經選擇勞退新制，不過因為持續留在原公司服務 23 年 (其中勞退新制實施前已工作 10 年)，並想在 60 歲退休，所以雇主必須給付老王一筆舊制+新制退休金。

查詢勞保年資與投保薪資

於範例原始檔已預先設計好試算表的欄位、樣式與部分資料。

1️⃣ 開啟瀏覽器，進入勞保局網站 (https://www.bli.gov.tw/)，選按 **勞工保險**。

2️⃣ 於 **勞工保險** 頁面最右側的 **網路櫃檯** 選按 **個人申報及查詢**。

3️⃣ 使用讀卡機，插入自然人憑證 IC 卡，輸入 IC 卡密碼 (PIN 碼)、身分證號及出生日期 (依下方指示格式輸入)，選按 **登入** (若出現系統公告注意事項於瀏覽後按其右上角 ❌ 關閉)。

4 在 **個人網路申報及查詢作業** 頁面，若選按 **查詢作業 \ 投保年資查詢 \ 勞工保險年資**，可查看投保年資的相關記錄，請記下 **投保年資** 資料。

5 接著選按 **查詢作業 \ 異動查詢 \ 勞工保險異動**，輸入欲查詢的起訖日期，選按 **查詢**，下方查詢結果會列出指定期間的保險狀況，根據異動內容請記下此範例中需要的退休前 6 個月的投保薪資，並粗略估算出平均月投保薪資，查詢結束後，選按 **登出系統** 離開頁面。

6 回到 Excel，於範例原始檔已預先設計好勞工退休金試算欄位與資料，請如左圖依查詢到的內容輸入指定儲存格中

勞退舊制-計算年資基數

以下先將老王參加勞退新制前的 10 年年資利用 **IF** 函數及儲存格樣式轉換成 **基數**，方便計算勞退舊制退休金額。

勞基法退休金之給與標準中，**基數** 是以工作年資計算，工作每滿 1 年為 2 個基數，工作超過 15 年的部分年資，每滿1 年為 1 個基數，最高以 45 個基數為限。(詳細內容可參考勞動部勞動基金運用局網頁 https://s.yam.com/cSTPk)

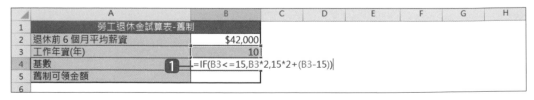

1 選取 B4 儲存格，計算 **基數**，輸入公式：**=IF(B3<=15,B3*2,15*2+(B3-15))**

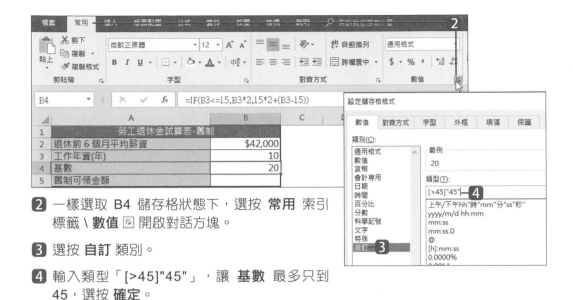

2 一樣選取 B4 儲存格狀態下，選按 **常用** 索引標籤 \ **數值** ⊡ 開啟對話方塊。

3 選按 **自訂** 類別。

4 輸入類型「[>45]"45"」，讓 **基數** 最多只到 45，選按 **確定**。

勞退舊制-計算退休金

- 舊制可領金額 = 退休前 6 個月平均薪資 × 基數。

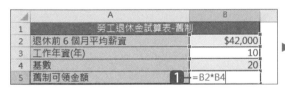

1 選取 B5 儲存格，計算 **舊制可領金額**，輸入公式：**=B2*B4**。

2 一次請領 **舊制可領金額** 為 84 萬元。

IF 函數

説明：**IF** 函數是一個判斷式，可依條件判定的結果分別處理，假設儲存格的值檢驗為 TRUE (真) 時，就執行條件成立時的命令，反之 FALSE (假) 則執行條件不成立時的命令。

格式：**IF(條件,條件成立,條件不成立)**

引數：

條件	使用比較運算子的邏輯式設定條件判斷式。
條件成立	若符合條件時的處理方式或顯示的值。
條件不成立	若不符合條件時的處理方式或顯示的值。

勞退新制專戶&舊制結清-查詢個人專戶金額

勞退新制實施後，雇主應為勞工按月提撥薪資 **6%** 的勞工退休金，儲存在勞工退休金個人專戶，內含退休金及每年收益分配的累積金額，勞工到 60 歲可以選擇一次提領或月領。勞工退休金專戶的所有權屬於勞工個人，退休金不會因為勞工轉職而受到影響。(詳細內容可參考勞保局網頁 https://s.yam.com/uZhaa)

先透過勞保局網站查詢個人退休金專戶金額，方便後續試算退休金月領金額。

1 開啟瀏覽器，進入勞動部勞工保險局網站 (https://www.bli.gov.tw/)，選按 **勞工退休金**。

2 於 **勞工退保金** 頁面最右側選按 **e 化服務系統**。

3 於 **個人** 選按 **個人網路申報及查詢作業**。

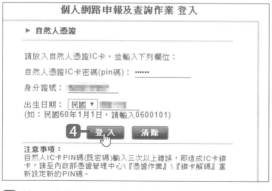

4 使用讀卡機，插入自然人憑證 IC 卡，輸入 IC 卡密碼 (PIN 碼)、身分證號及出生日期，選按 **登入** (若出現系統公告注意事項於瀏覽後按其右上角 ✕ 關閉)。

5 在 **個人網路申報及查詢作業** 頁面，先選按 **查詢作業 \ 勞工退休金個人專戶資料**。

6 選按頁面最下方的 **試算退休金核發金額**，即可看到目前的 "本金" 與 "收益"，"試算結果" 會根據下方的二個公式預估可領金額，依擇優給付原則記下較高金額。

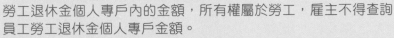

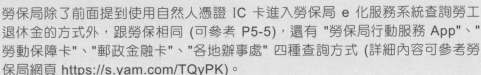

7 回到 Excel，在 **勞工退休金試算表-新制專戶+舊制結清** 表格 **勞工退休金個人專戶金額** B9 儲存格輸入試算結果中較高的金額。

勞退新制專戶&舊制結清-舊制結清退休金移入新制專戶

以勞退新制來說，勞工想選擇月領退休金的方式，必須年滿 60 歲，工作年資滿 15 年以上。範例中老王因為勞退新制年資才 13 年，依法只能請領一次退休金；不過根據 101 年勞工退休金條例施行細則第十二條修訂，勞工跟雇主只要雙方同意，先結清舊制年資，並將結清的舊制退休金全額移入個人專戶後 (依勞工個人意願)，新舊制年資合計滿 15 年以上，勞保局就可以將專戶全部累積金額依規定計算並發放月退休金。

月退休金的計算公式，可以透過勞保局網站 **如何計算月退休金** 網頁 (https://s.yam.com/5SYEt) 查詢，主要由 "新制專戶結算累積金額"、"平均餘命" 及 "利率" 三個參數決定每月可提領的退休金額，不過因為勞退公式過於繁雜，後續將透過 **PMT** 函數簡化勞保局原來公式，計算老王的月退休金。

以下先將舊制結清的退休金與新制專戶內的金額加總。

■ 專戶新制與舊制累積金額 ＝ 舊制可領金額 ＋ 新制勞工退休金個人專戶金額。

1 選取 B10 儲存格，計算 **專戶新制與舊制累積金額**，輸入公式：**=B9+B5**。

2 老王結清 10 年舊制年資，並將請領的 84 萬元退休金移入新制專戶，等 60 歲退休時再向勞保局申請月退休金，那時老王新制專戶累積的本金與收益有 184 萬元。

勞退新制專戶&舊制結清-計算平均餘命

平均餘命 利用 **VLOOKUP** 函數，根據勞工退休時的年齡，取得內政部 105 年簡易生命表中相對應的平均餘命。(小數點以下 4 捨 5 入取至整數)

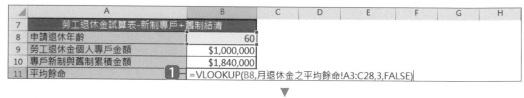

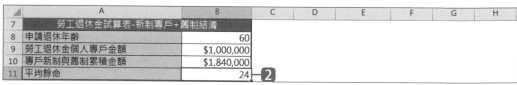

1 選取 B11 儲存格，運用 **VLOOKUP** 函數求得平均餘命，指定要比對的檢視值 (B8 儲存格)，指定參照範圍 ("月退休金之平均餘命" 工作表的 A3:C28)，最後指定傳回參照範圍由左數來第三欄的值並需尋找完全符合的值，輸入公式：**=VLOOKUP(B8,月退休金之平均餘命!A3:C28,3,FALSE)**。

> 輸入 "!" 標註再輸入參照表所在的工作表名稱，這樣即能參照該工作表的指定範圍。("!" 需為半形符號)

2 老王若在 60 歲請領月退休金，退休金會平均分配到 24 年 (24 × 12 個月) 請領。

勞退新制專戶&舊制結清-計算實際利率

勞保局月退休金公式中，"實際利率" 主要為勞動部勞動基金運用局公告的新制勞工退休金退休前 3 年 "保證收益率" 的平均數。也就是說老王在 2018 年欲請領退休金，將以退休前 3 年 (104 ～ 106 年) 保證收益率的平均數為基準。

- 實際利率 ＝ (加總退休前 3 年的保證收益率) ÷ 3

	A	B	C	D	E	F	G	H
12	實際利率 (退休前 3 年保證收益率的平均數)	=(1.0541%+1.1267%+1.3722%)/3						
13	名目利率							
14	退休金每月領取金額							
15	退休金領取總金額							

	月份		最低保證收益率（年利率）
	107年3月		1.0541%
	107年2月		1.0541%
	107年1月		1.0541%
	106年全年平均數		1.0541%
	105年全年平均數		1.1267%
	104年全年平均數		1.3722%

	A	B
7	勞工退休金試算表-新制專戶+舊制結清	
8	申請退休年齡	60
9	勞工退休金個人專戶金額	$1,000,000
10	專戶新制與舊制累積金額	$1,840,000
11	平均餘命	24
12	實際利率 (退休前 3 年保證收益率的平均數)	②—1.1843%
13	名目利率	
14	退休金每月領取金額	
15	退休金領取總金額	

1️⃣ 選取 B12 儲存格，根據勞動部勞動基金運用局公告當地銀行2年期定期存款利率 (https://s.yam.com/DxnBa) 頁面，找出 104 ～ 106 年最低保證收益率，計算 **實際利率**，輸入公式：**=(1.0541%+1.1267%+1.3722%)/3**。

2️⃣ **實際利率**，也就是平均保證收益率為 1.1843%。

Tips

名詞說明：保證收益率與實際利率

勞動部勞動基金運用局公告的 "保證收益率"，不得低於當地銀行 2 年定期存款利率，如有不足由國庫補足之。

實際利率是以 1 年 2 次或 2 次以上的次數複利計息時的實質所得利率。

勞退新制專戶&舊制結清-計算名目利率

勞動部勞動基金運用局公告的 "保證收益率" 是以複利計算的 "實際利率",但後續要透過 **PMT** 函數求得退休金每月領取金額時必須以固定利率進行試算,因此要將 "實際利率" 轉換為 "名目利率"。

實際利率 相對為 **名目利率**,應用於 **PMT** 函數公式,藉此求出勞保月退休金。範例中可使用 **NOMINAL** 函數,先將 **實際利率** 轉換成 **名目利率**。

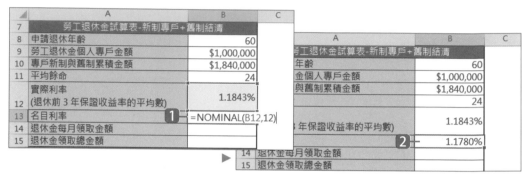

1️⃣ 選取 B13 儲存格,利用 **NOMINAL** 函數計算 **名目利率**,輸入公式:

=NOMINAL(B12,12)。

2️⃣ **實際利率** 換算後,**名目利率** 為 **1.1780%**。

Tips

名詞說明:名目利率

是一種以單利計算的利率標示方式,並未考慮一年複利幾次,一般銀行的掛牌利率或債券的票面利率都是以名目利率標示。

NOMINAL 函數

說明:根據指定的實際利率,及 1 年內複利計算的次數,推算出名目利率。

格式:**NOMINAL(實際利率,每年以複利計算的期數)**

引數:**實際利率**　　　　　　　　指實際利率。

　　　每年以複利計算的期數　　指定 1 年內複利計算的次數,1 年計算 1 次為 1,
　　　　　　　　　　　　　　　　　半年計算 1 次為 2,1 個月計算 1 次為 12。

勞退新制專戶&舊制結清-計算月退休金

勞保局月退休金公式雖然看起來複雜，不過可以試想，將勞工退休金個人專戶內的金額借給勞保局，交由專業投信代為操作，然後以 **名目利率** 算出每月可領退休金 (本金＋利息)，並領到平均餘命結束為止。 (可參考下方的現金流量圖)

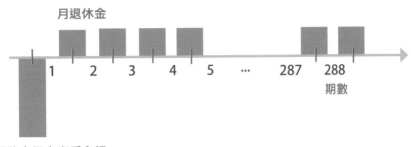

以這樣的現金流量概念，可以用 **PMT** 函數算出勞工的月退休金。

① 選取 B14 儲存格，利用 **PMT** 函數計算 **退休金每月領取金額**，輸入公式：

=PMT(B13/12,B11*12,-B10,0,1)。

名目利率 轉換為	**平均餘命** 轉換為 "月"	**專戶新制與舊制累積金額** 屬於支
"月" 單位的期數	單位的期數	出行為，所以金額以負數表示。

② 依據勞工退休金個人專戶內累積金額、平均餘命及名目利率計算，老王每月可領退休金為 7330 元。

勞退新制專戶&舊制結清-預估領取總金額

計算退休金的月領金額後，最後根據國人平均餘命，預估可領取的總金額。

- 退休金領取總金額 = 退休金每月領取金額 × 平均餘命 × 12。

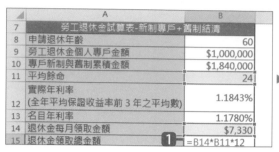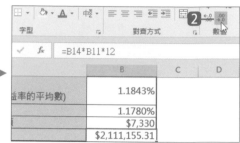

① 選取 B15 儲存格，計算 **退休金領取總金額**，輸入公式：**=B14*B11*12**。

② 選按 **常用** 索引標籤 \ **數值** 二下，求整數，**退休金領取總金額** 為 211 萬多元。

試算完後可以發現，老王想一次請領新舊制退休金，預估舊制退休金 84 萬，若與新制專戶中累積的本金及收益金額 100 萬 (新制年資未滿 15 年) 加總，老王可領到 184 萬退休金。

如果老王想要跟勞保一樣按月領取退休金 (同一家公司新舊制年資可合併計算)，在退休前先跟雇主結清 10 年舊制年資，然後將 84 萬退休金轉入新制專戶，待他退休時再向勞保局申請月退休金，那退休金個人專戶中

勞工退休金試算表-舊制	
退休前 6 個月平均薪資	$42,000
工作年資(年)	10
基數	20
舊制可領金額	$840,000

勞工退休金試算表-新制專戶+舊制結清	
申請退休年齡	60
勞工退休金個人專戶金額	$1,000,000
專戶新制與舊制累積金額	$1,840,000
平均餘命	24
實際利率 (退休前 3 年保證收益率的平均數)	1.1843%
名目利率	1.1780%
退休金每月領取金額	$7,330
退休金領取總金額	$2,111,155

累積的本金與收益就有 184 萬，再依據平均餘命及保證收益率 1.1843% 計算，老王每月可領 7330 元退休金，以 24 年平均餘命試算，總共可領取 211 多萬元的退休金，遠比一次請領要多 20 幾萬元。

Tips

最後提醒

這裡試算結果僅作為參考，實際領取金額還是以勞保局核定為準，若對核定金額有疑慮，可以撥打勞保局服務專線 (02)2396-1266 進一步確認。

VLOOKUP 函數

說明：從直向參照表中取得符合條件的資料。

格式：**VLOOKUP(檢視值,參照範圍,欄數,檢視型式)**

引數：檢視值　　指定檢視的儲存格位址或數值。

　　　參照範圍　指定參照表範圍 (不包含標題欄)。

　　　欄數　　　數值，指定傳回參照表範圍由左算起第幾欄的資料。

　　　檢視型式　檢視的方法有 TRUE (1) 或 FALSE (0)。值為 TRUE 或被省略，會以大約符合的方式找尋，如果找不到完全符合的值則傳回僅次於檢視值的最大值。當值為 FALSE，會尋找完全符合的數值，如果找不到則傳回錯誤值 #N/A。

PMT 函數

說明：計算存款或償還的定期支付金額。

格式：**PMT(利率,期數,現在價值,未來價值,類型)**

引數：利率　　　每期的利率，年繳為年利率，月繳為月利率 (年利率 / 12)。

　　　總期數　　付款的總次數，年繳為年數，月繳為月數 (年數 × 12)。利率和期數的時間單位需相同，期數若以月為單位，利率也要指定成月息。

　　　現在價值　即期初餘額，若是省略將被視為 0。

　　　未來價值　即期數結束後的金額，若是省略將被視為 0。

　　　類型　　　支付的時間點，1 為期初支付；0 或省略為期末支付。

Tips

適用勞退舊制的對象

- 94 年 7 月 1 日勞退新制上路後已勾選舊制者。
- 已勾選新制，但是目前仍繼續留任原公司者。

勞退舊制退休條件

勞工有下列情形可自請退休：

- 工作 15 年以上年滿 55 歲者。

- 工作 25 年以上者。
- 工作 10 年以上年滿 60 歲者。

勞工有下列情形雇主可以強制勞工退休：
- 年滿 65 歲者。
- 心神喪失或身體殘廢不堪勝任工作者。

勞退舊制年資

舊制退休金可以領多少，跟基數有關，而基數的計算又跟工作年資有關。舊制退休金的工作年資以勞工服務於 "同一家" 公司為限，一旦勞工在退休前離職，舊制年資就會消失，未來也只能選擇新制，重頭計算年資。

(詳細內容可參考勞動部網頁 https://s.yam.com/6xTdZ)

Tips

勞退新制請領條件

- **一次退休金**：勞工年滿 60 歲，工作年資未滿 15 年者。
- **月領或一次退休金**：勞工年滿 60 歲，工作年資滿 15 年以上者，可自行選擇月領或一次領方式。(月退休金以季的方式發放)
- **續提退休金**：勞工年滿 60 歲，領取退休金之後繼續工作，雇主仍須提撥。勞工提領須於前次請領退休金屆滿 1 年後，才可請領。
- **遺屬退休金**：勞工請領退休金前死亡，或月退休金尚未領取到平均餘命前死亡，得由其遺屬或遺囑指定的請領人，領回退休金專戶剩餘金額，超過 5 年以上即無法請領。

(詳細內容可參考勞保局網頁 https://s.yam.com/jkcCw)

Tips

關於舊制年資結清退休金移入個人專戶

- 結清退休金屬於勞工個人所有，是否轉入新制個人退休金專戶，應由勞工自行決定，不能強制規定。
- 結清退休金轉入新制個人退休金專戶後，必須年滿 60 歲才可以領回。
- 勞工如果將結清退休金 "全額" 轉入新制退休金個人專戶內，舊制工作年資才可以與勞退新制年資合併計算。
- 如果只將 "部分" 結清退休金轉入新制退休金個人專戶，舊制年資不予採計。

投資高報酬

聰明利滾利，做出正確投資決策

投資、儲蓄是 "財富" 聚集的不二法門，面對琳瑯滿目的方案，別再被表象的數字給迷惑，應該先算出 "年化報酬率"，並評估自己能力可及的方案再做投資決策！

理財，先從人生第一桶金開始

從零風險又保本的理財工具著手，定期性存款是項不錯的選擇。

⊙ 範例分析

Q 想要擁有人生的第一桶金，在設定目標金額的前提下，每個月要儲蓄或投資多少金額？需要多長的時間？

A 低風險的理財投資管道，最先想到的大概就是銀行定存或儲蓄險。透過 **RATE** 函數算出年化報酬率，讓你更具體的掌握與評估儲蓄計劃的可行性。(年化報酬率等同於銀行存款的年利率，可以當各項投資相互間比較之用，詳細說明請參考 P6-16。)

此份定期性存款計劃表，假設每個月存 10000 元，5 年後想要領回 100 萬，這樣的儲蓄計劃年化報酬率需為多少？可否達成存款目標？而下方則為模擬分析：試算 5~15 年、每月投資金額 5000 元~11000 元時的年化報酬率各為多少，以自身收支狀況推估更明確、更可行的投資方式。

RATE 函數計算儲蓄的利率

目標金額	$1,000,000
每月投資金額	10,000
投資期數 (年)	5
年化報酬率	19.38%

19.38%	5,000	6,000	7,000	8,000	9,000	10,000	11,000	每月投資金額
5	42.56%	36.71%	31.65%	27.15%	23.09%	19.38%	15.95%	
6	30.45%	25.48%	21.15%	17.29%	13.80%	10.59%	7.62%	
7	22.43%	18.07%	14.26%	10.86%	7.76%	4.91%	2.26%	
8	16.81%	12.90%	9.48%	6.41%	3.61%	1.02%	-1.39%	
9	12.69%	9.14%	6.02%	3.21%	0.63%	-1.75%	-3.98%	
10	9.58%	6.31%	3.42%	0.82%	-1.57%	-3.79%	-5.88%	
11	7.16%	4.12%	1.43%	-1.01%	-3.25%	-5.34%	-7.30%	
12	5.25%	2.40%	-0.13%	-2.43%	-4.55%	-6.53%	-8.40%	
13	3.70%	1.01%	-1.38%	-3.56%	-5.58%	-7.47%	-9.26%	
14	2.44%	-0.11%	-2.39%	-4.48%	-6.41%	-8.22%	-9.93%	
15	1.39%	-1.05%	-3.23%	-5.22%	-7.07%	-8.82%	-10.48%	

期數 (年)

以顏色區隔出較易執行的計劃

試算年化報酬率進行模擬分析，5~15 年、5000 元~11000 元，其中最可行的方案。

輸入存款方案的數值

於範例原始檔中已預先設計好定期性存款計劃表單配置，接著請輸入 **目標金額**、
每月投資金額、**投資期數(年)** 的值，並於模擬分析區塊 C7:I7 輸入每月投資金額：
5000~11000 元，B8:B18 輸入期數 (年)：5~15。

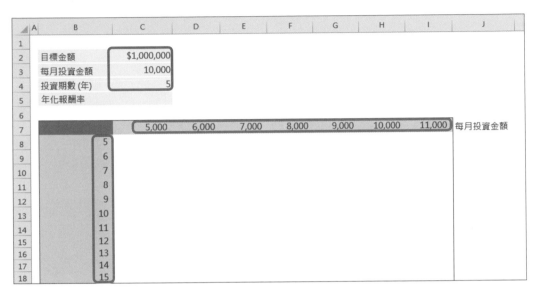

計算年化報酬率

定期性存款每個月存 10000 元，試算 5 年後想要領回 100 萬，首先透過 **RATE** 函數
試算每年要多少年化報酬率才能達成目標金額 100 萬。

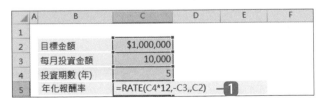

1 選取 C5 儲存格計算 **年化報酬率**，輸入公式：**=RATE(C4*12,-C3,,C2)**。

> 存款為月繳方式，所以 **投資期數 (年)** 要再 × 12 轉換為以月數表示
> **每月投資金額** 屬於金額支出行為，所以金額以負數表示。

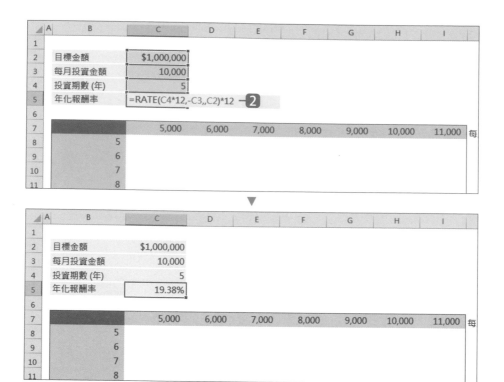

2 由計算結果得知這個定期性存款計劃的月利率是 1.62%，如果要換算成年利率則需要於函數公式最後再輸入「*12」。最後結果計算出 **年化報酬率** 為 19.38%。

RATE 函數

說明：計算貸款或儲蓄的利率。

格式：**RATE(總期數,定期支付額,現在價值,未來價值,類型)**

引數：**總期數** 　　付款的總次數，年繳為年數，月繳為月數 (年數 × 12)。

　　　定期支付額 各期所應支付的金額，用負數表示。

　　　現在價值 　即期初餘額，若是省略將被視為 0。

　　　未來價值 　即期數結束後的金額，若是省略將被視為 0。

　　　類型 　　　支付的時間點，1 為期初支付；0 或省略為期末支付。

模擬分析

由剛剛試算的結果可得知，每個月存 10000 元，5 年後想要領回 100 萬的儲蓄計劃年化報酬率需高達 19.38% 才能達成目標。要找到年化報酬率高達 19.38% 的定存顯然不太容易，這時可以提高每月存款的金額或延長投資年數來降低年化報酬率，讓這個定期儲蓄計劃更為可行。

接著透過剛才試算出來的年化報酬率進行模擬分析，找到最適合自己的儲蓄計劃：

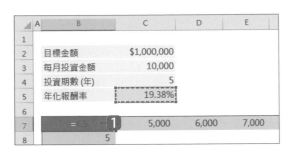

1 選取 B7 儲存格取得試算出來的年化報酬率，輸入公式：**=C5**。(接下來要應用的模擬分析需要依據 B7 儲存格內的公式進行模擬試算)

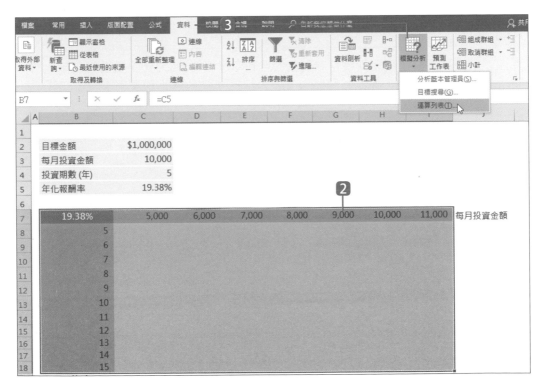

2 選取 B7:I18 模擬分析的資料範圍。

3 選按 **資料** 索引標籤 \ **模擬分析** \ **運算列表**。

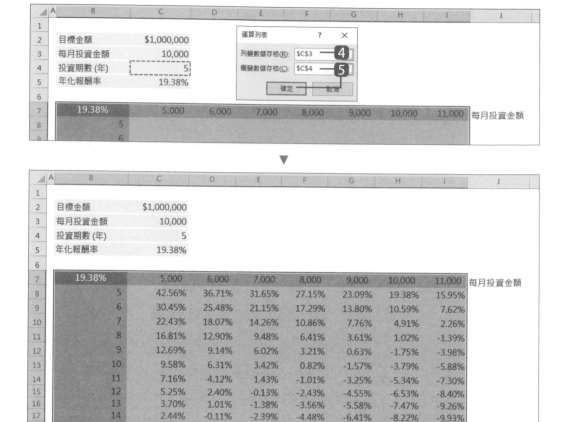

4 於 **運算列表** 對話方塊中，**列變數儲存格** 指的是 C7:I7 儲存格範圍，**列變數儲存格** 輸入：「$C$3」讓模擬運算知道這列指的是每月投資金額。

5 **欄變數儲存格** 指的是 B8:B18 儲存格範圍，輸入 **欄變數儲存格**：「$C$4」讓模擬 運算知道這欄指的是期數，再選按 **確定**。完成依指定的欄、列變數模擬分析後， 可以看出期數與每月投資金額交叉試算下的年化報酬率。

以色彩標註可行方案

目前的定存利率約 1.15%，將介於 "2%~0%" 年報酬率填滿黃色底色，區隔出較易執 行的計劃。

1️⃣ 選取模擬試算出來的年化報酬率 C8:I18 儲存格範圍。

2️⃣ 選按 常用 索引標籤 \ 設定格式化的條件 \ 醒目提示儲存格規則 \ 介於。

3️⃣ 輸入：「2%」、「0%」，顯示為：黃色填滿與深黃色文字。

19.38%	5,000	6,000	7,000	8,000	9,000	10,000	11,000
5	42.56%	36.71%	31.65%	27.15%	23.09%	19.38%	15.95%
6	30.45%	25.48%	21.15%	17.29%	13.80%	10.59%	7.62%
7	22.43%	18.07%	14.26%	10.86%	7.76%	4.91%	2.26%
8	16.81%	12.90%	9.48%	6.41%	3.61%	1.02%	-1.39%
9	12.69%	9.14%	6.02%	3.21%	0.63%	-1.75%	-3.98%
10	9.58%	6.31%	3.42%	0.82%	-1.57%	-3.79%	-5.88%
11	7.16%	4.12%	1.43%	-1.01%	-3.25%	-5.34%	-7.30%
12	5.25%	2.40%	-0.13%	-2.43%	-4.55%	-6.53%	-8.40%
13	3.70%	1.01%	-1.38%	-3.56%	-5.58%	-7.47%	-9.26%
14	2.44%	-0.11%	-2.39%	-4.48%	-6.41%	-8.22%	-9.93%
15	1.39%	-1.05%	-3.23%	-5.22%	-7.07%	-8.82%	-10.48%

完成期數與每月投資金額交叉比對下的模擬分析後，可於分析表黃色填色的方案中，挑選可以負擔的投資金額與期數 (年) 進行你的定期儲蓄存款計劃。

小資族善用定期性存款

薪水不到三萬,想存款但不想承擔任何風險!

◉ 範例分析

Q 上班族高喊收入太少,存不了錢,買不起房...,收入在扣除開銷之後,若還能有四成拿來存款,已經算不錯了,有什麼是可以小額存款且風險較低的理財方式?

A 對剛出社會的小資族來說,1 個月存 1 萬元也有一定的困難度,目前銀行 1 年期定存利率大概只有 1.02%~1.15%,同樣的錢,買一些穩定的股票、基金或許是更好的選擇,但若不想承擔任何風險也沒時間關注投資項目,定期性存款是最適合的理財方式,然而如何存得聰明、存得靈活,也是一門學問。

定期性存款分為 **定期存款** 和 **定期儲蓄存款** (可參考下頁詳細說明),定期性存款的優點並非高利率,重點在於培養儲蓄習慣,此份定期性存款計劃表目標是 3 年內可存款 18 萬元,看哪種方式到期可提領的本息最優渥:

- **定期存款**:開戶時存入 18 萬元,到期提領本金和利息。

- **零存整付**:每個月存 5,000 元,到期提領本金和利息。

- **整存整付**:開戶時存入 18 萬元,到期提領本金和利息。

- **存本取息**:開戶時存入 18 萬元,每月可以提領利息,到期提領本金。

定期存款	
整筆存入	180,000
期數 (年)	3
利率 (年息%)	1.065%
到期可領本息	$185,751

零存整付	
每月存入	5,000
期數 (年)	3
利率 (年息%)	1.115%
到期可領本息	$183,128

整存整付	
整筆存入	180,000
期數 (年)	3
利率 (年息%)	1.115%
到期可領本息	$186,120

存本取息	
整筆存入	180,000
期數 (年)	3
利率 (年息%)	1.115%
每月可領利息	$167
共領本息	$186,021

名詞說明：定期存款、定期儲蓄存款

銀行、郵局定期性存款分為 **定期存款** 和 **定期儲蓄存款**，主要差異：

	定期存款	定期儲蓄存款
期間	1 個月~ 3 年	1 年~ 3 年
利率	利率較低，單利，可選擇機動或固定利率。	利率較高，依類別有複利與單利，可選擇機動或固定利率。
資金門檻	至少 1 萬	最低 1000 元 (郵局可以為 100 元或其倍數)
存戶	個人、法人皆可	限個人及非營利法人

存 1 年以上的 **定期儲蓄存款** 一定優於 **定期存款**，**定期存款** 適用未滿 1 年的存款，雖然也有 1 年以上的期別但利率較低採單利計算。**定期儲蓄存款** 共有 **零存整付、整存整付** 及 **存本取息** 三種方式，且提供固定、機動與 1 年、13 個月、2 年、3 年等利率，可以依自己的狀況選擇：

定期儲蓄存款	說明
零存整付	開戶時由存戶約定期限，按月存入固定金額之本金 (存款金額為新台幣 100 元或其倍數)，每月產生的利息皆會加入當月本金，然後滾入下個月的本金 (按月 "複利" 計算)，到期一次提取本金和利息。
整存整付	開戶時由存戶約定期限，本金一次存入 (最低存款金額為新台幣 1 萬元)，每月產生的利息皆會加入本月本金，然後成為本金的一部分 (按月 "複利" 計算)，到期一次提取本金和利息。
存本取息	開戶時由存戶約定期限，一次存入本金 (最低存款金額為新台幣1萬元)，滿一個月後按月 "單利" 計算利息，到期提取本金。 存本取息的定期儲蓄方式，於之前利率較高時許多退休族會選用，因為可以一次存入大筆退休金，然後按月領取利息當生活費，每個月靠銀行支付的存款利息就可以過生活，完全不會動用到本金。

臺灣銀行新臺幣存(放)款牌告利率的定存利率公告 https://rate.bot.com.tw/twd：

掛牌日期：2018/07/26 　　　　　　　　　　實施日期：2016/11/01

類別	期別	金額	利率(年息%) 機動利率	利率(年息%) 固定利率
定期儲蓄存款	三年	一般	1.165	1.115
		五百萬元(含)以上	0.290	0.280
	二年~未滿三年	一般	1.115	1.075
		五百萬元(含)以上	0.260	0.250
	一年~未滿二年	一般	1.090	1.070
		五百萬元(含)以上	0.240	0.230
定期存款	三年	一般	1.115	1.065
		五百萬元(含)以上	0.290	0.280
	二年~未滿三年	一般	1.090	1.040
		五百萬元(含)以上	0.260	0.250
	一年~未滿二年	一般	1.065	1.035
		五百萬元(含)以上	0.240	0.230
	九個月~未滿十二個月	一般	0.950	0.910
		五百萬元(含)以上	0.200	0.190

輸入定存方案的數值

於範例原始檔中已預先設計好各定存方案表單,由左至右分別為:**定期存款**、**零存整付**、**整存整付**及 **存本取息**,請分別輸入存款金額、期數、利率的值。

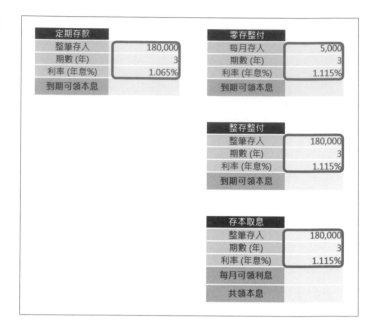

計算定期存款本息

定期存款 必須將本金一次存入,存入 18 萬元,年利率 1.065% (定期存款採單利計算),3 年期。

■ 定期存款到期可領本息 = 本金 × (1 + 年利率 × 年數)。

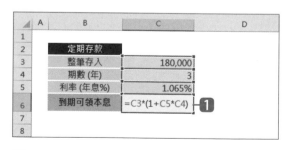

❶ 選取 C6 儲存格,輸入公式:**=C3*(1+C5*C4)**。

❷ 求得定期存款到期可領本息:18 萬 5751 元。

計算零存整付本息

很多小資族無法一次準備 18 萬的本金，每個月也可能存不到一萬，這時可以考慮 **定期儲蓄存款** 的 **零存整付**，每月只要存 1000 元即可開戶。假設每月存入 5000 元、年利率 1.115% (零存整付按月複利計算)、3 年期，使用 **FV** 函數快速求得固定利率下，期末可領的本息金額。

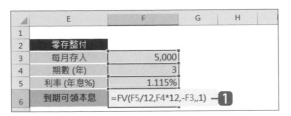 

1 選取 F6 儲存格，因為每月存入一筆金額，所以 **期數** 與 **利率** 均要以 "月" 為單位，輸入公式：**=FV(F5/12,F4*12,-F3,,1)**。 利率 為年息所以要再 ÷ 12，

2 求得零存整付到期可領本息：18 萬 3128 元。 期數 為年所以要再 × 12。

FV 函數

說明：計算固定利率及等額儲蓄或償還貸款期滿後的金額。

格式：**FV(利率,總期數,定期支付額,現在價值,類型)**

引數： **利率**   每期的利率，年繳為年利率，月繳為月利率 (年利率 / 12)。

       總期數   付款總次數，年繳為年數，月繳為月數 (年數 × 12)。**利率** 和 **總期數** 的時間單位需相同，總期數若以月為單位，利率也要指定成月息。

       定期支付額 各期所應支付的金額，用負數表示。

       現在價值   即期初餘額，省略將被視為 0。

       類型   支付的時間點，1 為期初支付；0 或省略為期末支付。

Tips

名詞說明：複利

- 複利就是在期末將利息計入下一期的本金，再乘上報酬率。
- 假設：花 100 萬買股票，1 年後賣出 120 萬，那報酬率就是 20%，若每年都有 20% 的報酬率，過了 3 年後手邊的股票就會變成 160 萬嗎？不是的，原本 100 萬過了 1 年後會變成 100 × (1+0.2) = 120 萬，過了 2 年後會變成 120 × (1+0.2) = 144 萬，到了第 3 年會變成 144 × (1+0.2) = 172.8 萬，這就是所謂的複利。

計算整存整付本息

當你有一筆閒錢但又不想投資有風險的項目，這時可考慮 **定期儲蓄存款** 的 **整存整付**，開戶時將本金一次存入，每月產生的利息皆會滾入本金，成為本金的一部分，到期後本金連同複利利息一併提領，取得最大化收益！

本例為一次存入 18 萬元，年利率 1.115% (整存整付按月複利計算)，3 年期。一樣使用 **FV** 函數，計算出期末可領金額。

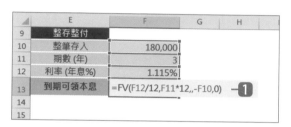 

1️⃣ 選取 F13 儲存格計算本金與每個月的複利，所以 **期數** 與 **利率** 均要以 "月" 為單位，輸入公式：**=FV(F12/12,F11*12,,-F10,0)**。

2️⃣ 求得整存整付到期可領本息：18 萬 6120 元。

利率 為年息所以要再 ÷ 12，
期數 為年所以要再 × 12。

計算存本取息本息

定期儲蓄存款 的 **存本取息** 是適合退休族群的儲蓄方式，開戶時將本金一次存入，之後可每個月領利息，到期領回本金。一次存入 18 萬元，年利率 1.115% (存本取息按月單利計算)，3 年期。

- 存本取息每月可領利息 = 本金 × (年利率 ÷ 12)。

- 存本取息共領本息 = 本金 + (每月可領利息 × 年利率 × 12)。

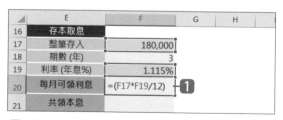 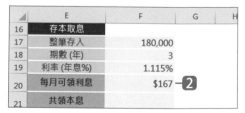

1️⃣ 選取 F20 儲存格計算單利每月可領利息，所以 **利率** 要以 "月" 為單位，輸入公式：**=(F17*F19/12)**。

利率 為年息所以要再 ÷ 12

2️⃣ 求得存本取息每月可領利息：167 元。

3 選取 F21 儲存格計算存本取息到期共領本息，**期數** 要以 "月" 為單位，輸入公式：
=F17+(F20*F18*12)。

4 求得存本取息到期共領本息：18 萬 6021 元。

小資族提高定存投資效率

試算可得知，**定期儲蓄** 的 **整存整付** 到期後可領的本息最多，但前提是你必須有一筆閒錢可於開戶時將本金一次存入，於每個月產生複利。同樣需一次存入本金的還有 **定期存款** 與 **存本取息** 二種方案，這三個方案 3 年到期後共領到的本息約差 99~369 元，雖然看起來不多但若存入金額高時就有很大的差別了。對於收入有限但想利用儲蓄擁有第一桶金的小資族，建議考慮 **零存整付** 方案。

定期性存款的三大考慮步驟：

- 第一步，先選擇定存利率較高的銀行。

- 第二步，決定存款金額，金額高低也會影響定存利率，以台灣銀行為例，超過 5 百萬，定存利率只有原本的四分之一。另外定存利息如果單次給付超過 2 萬元，就會被課二代健保補充費 (可將利息從 1 年給付變成每月給付，或是拆單也能解決)。

- 第三步，依自己的經濟狀況決定定期存款方案，如果一次存入 18 萬實在太吃力了，建議選擇每月存入 5000 元，以利滾利的 **零存整付** 方案。

Tips

同時享受 "定存高利率" 與 "活存機動性"

若覺得 **零存整付** 的利率太低，**整存整付** 單筆存入金額又

太大，可試試 "拆單" 分批定存。

每月存 5000 元為 **定期儲蓄存款** 的一年期 **整存整付**，這樣今年 1 月的 **整存整付** 定存，明年 1 月就會到期；今年 2 月的 **整存整付** 定存，明年 2 月就會到期，以此類推，如此一來每個月都有一筆資金到期可供你運用，不運用頂多續存，但是又兼顧到最佳利率與複利本息。這種方法也可以避免提取小額現金卻動用大額存單的狀況，從而減少了不必要的利息損失。

各家銀行定期性存款的解約計算方式大同小異，利率要根據解約當下的時間計算，總利息還要再打八折。例如：本來 1 年期的定存利率是 1.1%，但在 9 個月時解約，這時利率要以 9 個月的定存去算，可能變成 0.9%，且因為提前解約所以利息要再打 8 折，利息可能損失 30% ~ 50% 左右。

Tips

選擇 "機動利率" 或 "固定利率"

定期性存款均提供了 "機動利率" 與 "固定利率" 二種利率：

- 機動利率代表利率會隨央行升息和降息調整。
- 固定利率則是以當下的利率為準，未來期間不變。
- 如果目前利率很低且未來是升息趨勢，即會考量選擇機動利率；反之如果未來有降息的疑慮 (通常是景氣過熱階段)，可能選擇固定利率比較好。

Tips

定期存款到期是否要提取

定期存款到期末提取，存款會按照活期存款利率計算利息。為避免利息損失，在辦理定期存款時，記得向銀行工作人員說明辦理 "自動轉存"。這樣一來定期存款到期時，銀行會自動將該筆款項連同上期的利息，一併轉為同樣期限的定期存款，達到收益最大化的目的。

6.3 告訴你該投資哪項商品

買投資報酬率高的商品就對了？醒醒吧！千萬別掉入陷阱！

● 範例分析

Q 投資股票、基金、房地產、餐廳...等，常聽到：「A 商品 2 年賺 20 ％，B 商品 10 年賺 120 ％」用投資報酬率說服大家投資，買報酬率高的就對了嗎？

20%、120% 都是 "累積報酬率"，也就是一般說的 "總報酬率"，是以整個投資期間的開始與結束的淨值來計算，並沒有考量到投資年限，如何比較不同投資期間的商品？

A "年化報酬率" 是將累積報酬率轉換成 1 年的報酬率，面對投資時間不一樣的商品，以年化報酬率來表示才能比較，許多看起來很棒的投資方案，若是沒搞清楚年化報酬率，很容易掉入陷阱裡。

此份投資方案比較表，以 A、B 商品於六種常見投資狀況下試算出衡量投資績效的累積報酬率與年化報酬率。

年化報酬率 (1)		
投資商品	A	B
期初投入金額	100,000	100,000
期末金額	120,000	220,000
累積報酬率	20%	120%

不管投資期間長短，已知 **期初投入金額**、**期末金額**，計算 **累積報酬率**。

年化報酬率 (2)		
投資商品	A	B
累積報酬率	20%	120%
年數	2	10
年化報酬率	9.54%	8.20%

已知 **累積報酬率**、**年數**，計算 **年化報酬率**。

年化報酬率 (3)		
投資商品	A	B
期初投入金額	100,000	100,000
期末金額	120,000	220,000
年數	2	10
年化報酬率	9.54%	8.20%

已知 **期初投入金額**、**期末金額**、**年數**，計算 **年化報酬率**。

年化報酬率 (4)		
投資商品	A	B
期初投入金額	100,000	100,000
期末金額	248,832	220,000
年數	10	10
年化報酬率	9.54%	8.20%

於相同的投資年數，已知 **期初投入金額**、**年數**、**年化報酬率**，計算 **期末金額**。

年化報酬率 (5)		
	日期	金額
期初投入	2007/9/1	-100,000
期末領回	2019/9/6	220,000
年化報酬率		6.78%

定期定額年化報酬率(6)	
每月投入金額	-1,000
期末金額	200,000
月數	120
年化報酬率	9.44%

用 **XIRR** 函數以期初及期末的時間點計算 **年化報酬率**。

用 **RATE** 函數計算定期定額 **年化報酬率**。

Tips

名詞說明：累積報酬率

很多業務人員說服你投資時，都會說："買了這個商品 1 年就會賺 XX%"，而這個 XX% 報酬率都是指累積報酬率，累積報酬率是以整個投資期間期初投入金額與期末金額來計算，但沒有考慮投資年限。假設：花 100 萬買股票，2 年後賣出 120 萬，累積報酬率 = 20%，但是這 20% 卻沒有將投資年限考慮進去，一旦將投資年限考慮進去，轉換成每 1 年的年化報酬率則為 9.54%。

公式：累積報酬率 = (期末金額 - 期初金額) ÷ 期初金額

Tips

名詞說明：年化報酬率

年化報酬率是指 1 年的報酬率，將累積報酬率與投資年數計算後得到的值，然而年化報酬率並不是累積報酬率 ÷ 年數，因為每年的報酬率都是以複利計算 (年化報酬率等同於銀行存款的年利率，如果不以複利計算，就無法與銀行提供的年利率比較)。

假設：花 100 萬買股票，2 年後賣出 120 萬，累積報酬率 = 20%，在此年化報酬率並不是 20% ÷ 2 年 = 10%，而是 (1 + 20%) ^ (1 ÷ 2) − 1 = 9.54%。

公式 1：年化報酬率 = (1 + 累積報酬率) ^ (1 ÷ 年數) − 1

公式 2：年化報酬率 = (期末金額 ÷ 期初金額) ^ (1 ÷ 年數) −1

試算 (1) 累積報酬率

投資商品 A、B，已知 **期初投入金額** 均為 10 萬；商品 A **期末金額**：12 萬、商品 B **期末金額**：22 萬，計算商品 A、B 的 **累積報酬率**。

- 累積報酬率 = (期末金額 - 期初金額) ÷ 期初金額

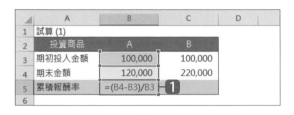

1 選取 B5 儲存格計算商品 A 的累積報酬率，輸入公式：

=(B4-B3)/B3。

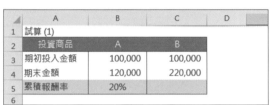

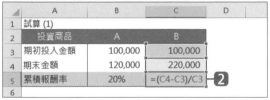

2 選取 C5 儲存格計算商品 B 的累積報酬率，輸入公式：

=(C4-C3)/C3。

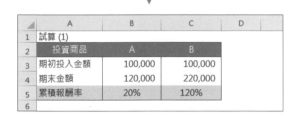

試算完後，商品 A 的 **累積報酬率**：20%，商品 B 的 **累積報酬率**：120%，乍看之下商品 B 的報酬率好像比較高？！先別急著下定論！投資商品好不好，真正要看的是 "年化報酬率"。後續的試算會將投資年限算進去，計算出投資商品每 1 年的報酬率，投資時間不同的商品，必須轉為以年化報酬率表示才能比較。。

試算 (2) 年化報酬率

投資商品 A、B，以剛才求得的 **累積報酬率**，再加上投資年數的考量，計算這二項商品的 **年化報酬率**。

- 年化報酬率 = (1 + 累積報酬率) ^ (1 ÷ 年數) − 1

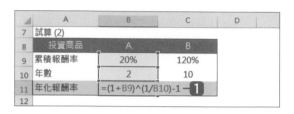

1 選取 B11 儲存格計算商品 A 的年化報酬率，輸入公式：
=(1+B9)^(1/B10)-1。

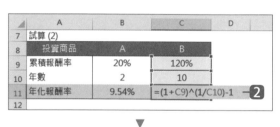

2 選取 C11 儲存格計算商品 B 的年化報酬率，輸入公式：
=(1+C9)^(1/C10)-1。

	A	B	C	D
7	試算 (2)			
8	投資商品	A	B	
9	累積報酬率	20%	120%	
10	年數	2	10	
11	年化報酬率	9.54%	8.20%	
12				

試算完後，商品 A 的 **年化報酬率**：9.54%，商品 B 的 **年化報酬率**：8.20%，意思是投資商品 A，資金以每年 9.54% 的報酬率複利成長，商品 B 只以每年 8.20% 的報酬率複利成長，所以商品 A 的表現略勝一籌。

Tips

Excel 進行次方運算

底數為 9，進行 6 次方的運算式為：=9*9*9*9*9*9；更簡單的方式是使用 "^" 運算次方符號 (在英數輸入法狀態下按 Shift + 6 鍵)，為 =9^6；使用函數的話，需要用 **POWER** 函數：=POWER(9,6)。

試算 (3) 年化報酬率

如果投資商品的資訊中沒有告訴你累積報酬率是多少？只知道商品 A、B 的 **期初投入金額、期末金額、年數**，這時就要換個公式計算 **年化報酬率**。

- 年化報酬率 = (期末金額 ÷ 期初金額) ^ (1 ÷ 年數) −1

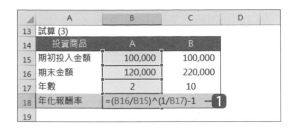

1 選取 B18 儲存格計算商品 A 的年化報酬率，輸入公式：

=(B16/B15)^(1/B17)-1。

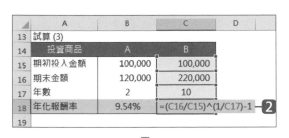

2 選取 C18 儲存格計算商品 B 的年化報酬率，輸入公式：

=(C16/C15)^(1/C17)-1。

▼

◢	A	B	C	D
13	試算 (3)			
14	投資商品	A	B	
15	期初投入金額	100,000	100,000	
16	期末金額	120,000	220,000	
17	年數	2	10	
18	年化報酬率	9.54%	8.20%	
19				

透過期初、期末金額、年數，試算出來的年化報酬率：商品 A 的 **年化報酬率**：9.54%，商品 B 的 **年化報酬率**：8.20%。

試算 (4) 期末金額

目前商品 A、B **年化報酬率** 分別為 9.54%、8.20%，已知商品 B 投資 10 年的 **期末金額** 為 220 萬元，若保持同樣的年化報酬率，想知道同樣投資 10 年商品 A 的 **期末金額**。

■ 期末金額 = 期初金額 × (1 + 年化報酬率) ^ 年數

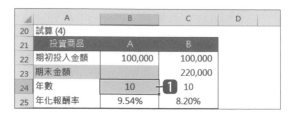

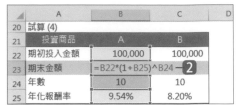

1 選取 B24 儲存格輸入年數：「10」。

2 選取 B23 儲存格計算商品 A 的 **期末金額**，輸入公式：**=B22*(1+B25)^B24**。

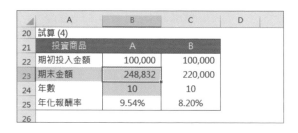

試算完後，得知同樣投資 10 年商品 A 的期末金額為：248,832 元，較商品 B 的 220,000 元多一些，由此可知商品 A 的高年化報酬率的確可以產生高複利的期末金額，也確定商品 A 是值得投資的。

試算 (5) 年化報酬率

若投資項目已知投入、領回日期及金額，用 **XIRR** 函數計算 **年化報酬率** 可省去計算投資年數的困擾。

1 選取 B31 儲存格輸入公式：**=XIRR(C29:C30,B29:B30)**。

2 求得 **年化報酬率** 的值為 6.78%。

試算完後，得知商品於投資期間內 **年化報酬率** 為：6.78%。

試算 (6) 定期定額年化報酬率

定期定額是投資基金最常見的方式，已知每月投入金額、期末金額以及定期定額投入月數，用 **RATE** 函數計算定期定額 **年化報酬率**。

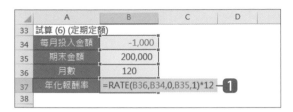

❶ 選取 B31 儲存格輸入公式：**=RATE(B36,B34,0,B35,1)*12**。

❷ 求得年化報酬率的值為 9.44%。　　由於是每月投資，所以必須 × 12 換算為年化報酬率。

貨幣是有時間價值的，累積報酬率在考慮時間因素後，就成為年化報酬率，是衡量投資績效最好用的工具之一。投資前別再被表象的累積報酬率數字給迷惑，透過此範例了解各種投資狀況下年化報酬率的試算方式；先算出年化報酬率，再做出適合的投資決策！

XIRR 函數

說明：計算一系列現金流的內部報酬率，該現金流不必是定期性的。

格式：**XIRR(範圍,日期,推定值)**

引數：**範圍**　　　必要，與 **日期** 引數對應的現金流數值，至少要含一個支出和一個收入，如果第一值是成本或付款，則它必須是負值。

　　　日期　　　必要，與現金流對應的付款日期。

　　　推定值　　選用，猜測接近 XIRR 結果的數值。

RATE 函數

說明：計算貸款或儲蓄的利率。

格式：**RATE(總期數,定期支付額,現在價值,未來價值,類型)**

引數：**總期數**　　　付款的總次數，年繳為年數，月繳為月數 (年數 × 12)。

　　　定期支付額 各期所應支付的金額，用負數表示。

　　　現在價值　　即期初餘額，若是省略將被視為 0。

　　　未來價值　　即期數結束後的金額，若是省略將被視為 0。

　　　類型　　　　支付的時間點，1 為期初支付；0 或省略為期末支付。

6.4　挑選基金的 4433 法則

從市面上琳瑯滿目的基金，挑選出績效最佳的標的。

● 範例分析

Q 忙碌的生活讓人沒有時間研究投資理財，但又不只想選擇利息不多的定存，黃金、石油價格波動大風險高，該怎麼辦？

A 考慮一下基金吧！基金是把不懂投資，但想要賺取更多利潤的投資者資金匯集，交給專家投資操作。每個人期望的報酬以及承受的風險都不同，選擇的標的自然有所不同，除了在投資前可以與專家多多討論選擇基金型態或組別，也能查找網路資料，找到最合適的投資標的。

如下的基金篩選表為投信投顧公會 (http://www.sitca.org.tw/) 的資料，搭配最常見的 "4433 法則"，從想投資的近百檔基金中篩選出績效較佳的商品。

基金名稱 / 基金英文名稱	報酬率(原幣別)									年化標準差三年(原幣)	Sharpe三年(原幣)
基金中文名稱 / 基金英文名稱	一個月	三個月	六個月	一年	二年	三年	五年	自今年以來	十年	年化標準差三年(原幣)	Sharpe三年(原幣)
景順新興歐洲股票基金C股 美元 / Invesco Emerging Europe Equity C USD Acc	-2.39	-9.73	-4.75	10.97	37.99	34.06	12.5	-4.75	-27.92	15.62	0.65
施羅德環球基金系列 - 新興歐洲 A1 類股份 - 累積單位(歐 / Schroder ISF Emerging Europe A1 Acc EUR	-1.71	-5.65	-4.2	7.34	32.68	29.92	26.47	-4.2	17.95	14.05	0.71
貝萊德新興歐洲基金 A2 / BGF Emerging Europe A2	-0.96	-3.81	-4.44	3.08	26.45	16.24	16.96	-4.44	-9.97	15.53	0.42
富蘭克林坦伯頓全球投資系列-東歐基金美元A(acc)股 / Templeton Eastern Europe A(acc)EUR	-2.49	-12.46	-12.15	-1.97	18.13	17.14	9.56	-12.15	-18.87	12.86	0.5
NN (L)歐洲新興市場股票基金P股歐元 / NN (L) Emerging Europe Equity P Cap EUR	-0.89	-4.76	-4.21	7.07	27.85	14.07	7.92	-4.21	-17.73	14.26	0.4
法儲銀新興歐洲股票基金R/A USD / Emerise Emerging Europe Equity R/A USD	-1.13	-11.03	-8.15	7.13	25.49	18.21	-13.75	-8.15	-48.26	16.47	0.37
施羅德環球基金系列-新興歐洲 C 類股份-累積單位(歐 / Schroder ISF Emerging Europe C Acc EUR	-1.63	-5.39	-3.60	8.47	35.48	34.11	31.39	-3.69	31.55	14.08	0.79
NN (L)歐洲新興市場股票基金X股歐元 / NN (L) Emerging Europe Equity X Cap EUR	-0.93	-4.87	-4.44	6.53	26.59	12.36	5.26	-4.44	-21.71	14.23	0.36
百達-新興歐洲基金 / Pictet - Emerging Europe R EUR	-1.04	-8.76	-9.03	-1.95	22.07	11.29	-5.14	-9.03	-24.56	15.78	0.32
柏瑞新興歐洲股票基金 Y / PineBridge Emerging Europe Equity Y	-0.55	-10.21	-8.72	4.99	26.92	16.37	-12.33	-8.72	-42.41	17.41	0.33
木星新興歐洲消費機會基金 / Jupiter Emerging European Opps	-0.98	-4.97	-6.45	3.28	31.56	50.57	9.21	-6.45	-23.5	15.2	0.95
霸菱東歐基金-A類美元息型 / Barings Eastern Europe A USD Inc	-2.28	-12.45	-9.57	3.32	25.94	23.21	-7.42	-9.57	-44.83	16.13	0.46
霸菱東歐基金-A類歐元息型 / Barings Eastern Europe A EUR Inc	-1.97	-7.31	-6.88	1.22	20.58	18.34	3.93	-6.88	-25.15	15.18	0.47
摩根基金-JPM新興歐洲股票(歐元)-A股(分配) / JPM Emerging Europe Equity A (dist) EUR	-0.11	-6.88	-7.04	-0.13	15.97	9.46	-4.26	-7.04	-29.38	14.63	0.3
景順新興歐洲基金A股 美元 / Invesco Emerging Europe Equity A USD Acc	-2.44	-9.83	-4.95	10.46	56.63	32.11	9.81	-4.93	-31.99	15.66	0.62
鋒裕滙理基金 (II) - 新興歐洲及地中海股票(歐元) / Amundi Fds II Emerg Eur+Med Eq A EUR ND	-0.78	-3.21	-3.55	-0.6	14.91	7.53	-1.78	-3.55	-21.58	12.55	0.28
貝萊德新興歐洲基金 A2 - USD / BGF Emerging Europe A2	-1.03	-9.13	-7.23	5.05	32.44	20.86	-4.51	-7.23	-33.58	17.08	0.41
鋒裕滙理基金 (II) - 新興歐洲及地中海股票B2(歐元) / Amundi Fds II Emerg Eur+Med Eq B EUR ND	-0.79	-3.35	-3.82	-1.56	12.52	4.06	-7.24	-3.82	-30.28	12.53	0.19
鋒裕滙理基金 (II) - 新興歐洲及地中海股票B USD ND / Amundi Fds II Emerg Eur+Med Eq B USD ND	-1.03	-8.23	-6.48	0.81	18.32	9.04	-16.7	-6.48	-48.34	14.53	0.22
鋒裕滙理基金 (II) - 新興歐洲及地中海股票I2(歐元) / Amundi Fds II Emerg Eur+Med Eq I EUR ND	-0.65	-2.9	-2.95	0.51	17.52	11.29	4.01	-2.95	-13.43	12.54	0.37
鋒裕滙理基金 (II) - 新興歐洲及地中海股票A2 / Amundi Fds II Emerg Eur+Med Eq A2	-0.72	-8.08	-6.2	1.74	20.79	12.7	-11.72	-6.2	-41.89	14.55	0.29
宏利環球基金-新興東歐基金 A股 / Manulife GF Emerging Eastern Europe A	-2.58	-12.52	-9.37	3.91	24.72	16.09	-9.02	-9.37	-36.14	16.09	0.34
貝萊德新興歐洲基金 C2 歐元 / BGF Emerging Europe C2	-1.05	-4.11	-5.03	1.81	23.34	11.98	9.88	-5.03	-20.54	15.51	0.34
法儲銀新興歐洲股票基金R/A EUR / Emerise Emerging Europe Equity R/A EUR	-1.15	-6.29	-5.54	4.65	19.39	12.82	-3.89	-5.54	-30.08	14.31	0.37
法儲銀新興歐洲股票基金B USD Acc / Invesco Emerging Europe Equity B USD Acc	-2.49	-10.05	-5.34	9.43	33.9	28.24	4.44	-5.34	-37	15.65	0.56
法儲銀新興歐洲股票基金 R/D USD / Emerise Emerging Europe Equity R/D USD	-1.15	-11.04	-8.15	7.12	25.46	18.21	-13.76	-8.15	-48.26	16.48	0.37
宏利環球基金-新興東歐基金 AA股 / Manulife GF Emerging Eastern Europe AA	-2.57	-12.55	-9.45	3.72	24.24	15.52	-9.79	-9.45	-37.08	16.08	0.33
富蘭克林坦伯頓全球投資系列-東歐基金A(Ydis)股 / Templeton Eastern Europe A(Ydis)EUR	-2.47	-12.44	-12.16	-1.95	18.12	17.12	9.51	-12.16	-18.9	12.87	0.5
施羅德環球基金系列-新興歐洲 A1 類股份-累積單位(歐元) / Schroder ISF Emerging Europe A1 Acc USD	-1.94	-10.81	-6.93	9.52	39.03	34.92	10.74	-6.93	-13.17	15.83	0.66
摩根基金-JPM新興歐洲股票(歐元)-A股 / JPM Emerging Europe Equity I (acc) EUR	-0.07	-6.75	-6.69	0.64	17.8	12.05	-0.35	-6.69	-14.66	15.06	0.35
富蘭克林坦伯頓全球投資系列-東歐基金美元B (acc)股 / Templeton Eastern Europe B(acc)USD	-2.6	-17.11	-14.98	-1.06	21.12	18.07	-7.87	-14.98	-47.23	15.78	0.38
富蘭克林坦伯頓全球投資系列-東歐基金A (acc)股 / Templeton Eastern Europe A(acc)USD	-2.5	-16.85	-14.42	0.31	24.39	22.81	-1.66	-14.42	-39.81	16.48	0.46
柏瑞新興歐洲股票基金 A / PineBridge Emerging Europe Equity A	-0.61	-10.39	-9.08	4.16	24.92	13.63	-15.75	-9.08	-46.81	17.4	0.28
鋒裕滙理基金 (II) - 新興歐洲及地中海股票I2 / Amundi Fds II Emerg Eur+Med Eq I USD ND	-0.65	-7.85	-5.69	2.91	23.5	16.56	-5.69	-5.69	-35.86	14.56	0.37
富蘭克林坦伯頓全球投資系列-東歐基金Bi(Ydis)股 / Templeton Eastern Europe B(Ydis)EUR	-2.63	-12.7	-12.7	-3.22	15.07	12.65	2.56	-12.7	-28.42	12.85	0.4
木星新興歐洲機會基金 - USD / Jupiter Emerging European Opps	-2.02	-11.09	-8.78	4.75	28.96	25.33	-6.02	-8.78	-50.18	16.76	0.69
霸菱東歐基金-A類英鎊息型 / Barings Eastern Europe A GBP Inc	-0.9	-6.31	-7.01	2.06	29.27	47.36	7.32	-7.01	-16.41	15.04	0.91
安本環球新興股票基金A 累積 歐元 / Aberdeen Global Estn Eurp Eq A Acc EUR	-2.63	-5.1	-7.06	-5.3	5.97	2.4	-1.2	-7.06		13.01	0.15
台新新興市場型基金之台新新興市場機會證劵基金 / Taishin Emerging Markets Opportunities Eq	-5.65	-5.8	-5.65	8.48	17.61	6.94	-21.95	-5.65		12.13	0.15
NN (L)歐洲新興市場基金X股歐元 / NN (L) Emerging Europe Equity X Cap USD	-0.91	-9.69	-7.09	9.07	33.03	17.76	-5.55	-7.09		16.4	0.37
摩根基金-JPM新興歐洲股票(美元)-A股(累計) / JPM Emerging Europe Equity A USD (acc) USD	-0.17	-12.04	-9.77	1.83	21.44	13.77	-14.46	-9.77		16.48	0.29
霸菱東歐基金-I類美元累積型 / Barings Eastern Europe I USD Acc	-2.21	-12.24	-9.15	4.28	28.06	26.45	-3.16	-9.15		16.3	0.51
霸菱東歐基金-I類英鎊累積型 / Barings Eastern Europe I GBP Acc	-0.82	-6.07	-6.58	3	31.46	50.96	11.59	-6.58	-12.64	15.05	0.96
安本環球新興歐洲股票基金 X 累積 歐元 / Aberdeen Global Estn Eurp Eq X Acc EUR	-2.57	-4.92	-6.71	-4.59	7.57	4.73	2.6	-6.71		13.02	0.21
法巴百利達新興歐洲股票基金 C (美元) / Parvest Equity Europe Emerging C USD C	-1.61	-12.24	-11.02	2.21	27.47	16.51	-10.36	-11.02	-47.44	17.15	0.34

取得最新基金資料明細

"4433 法則" 是透過基金的歷史資料進行篩選，可善用免費基金資訊網站取得需要的資料，例如：投信投顧商業公會、基智網、鉅亨網以及國際知名基金評鑑機構晨星，在此查詢投信投顧商業公會 (http://www.sitca.org.tw/)，如下圖示步驟進入 "F02.基金績效評比 (晨星)" 頁面：

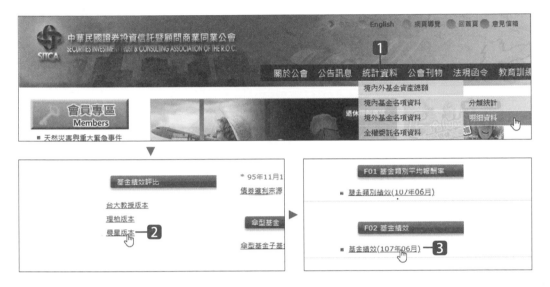

1️⃣ 選按 **統計資料 \ 境內基金各項資料 \ 明細資料**。

2️⃣ 選按 **晨星版本**。

3️⃣ 再選按 **F02 基金績效** 中的 **基金績效**。

Tips

投資基金的三大優點

■ 投資績效提升：
交給投資信託公司的專家投資操作，平均投資績效一定會比自己隨便買的好。

■ 可小額投資：
買基金可以選擇年繳或月繳，以自身能力選擇每月投資 3000、5000 即可。

■ 看不懂市場行情與變動也沒關系：
因為是交給專家管理，所以不用擔心市場行情看不懂或是投資標的虧損，現在還會以簡訊通知各投資組合的最新資訊，讓你掌握最佳調整時機。

"F02.基金績效評比 (晨星)" 頁面中，選擇想要投資的基金類別進行查詢：

5 於 **基金類別** 清單中選擇：新興歐洲股票。

6 選按 **查詢**，取得相關歷史明細資料。(線上資料會隨時變動，所以每次取得的資料不盡相同。)

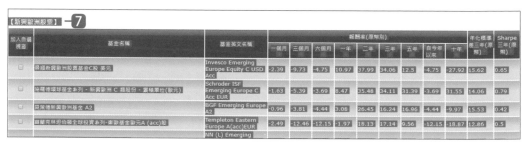

7 由標題處開始，選取該類別所有基金歷史資料 (整個表單都要選取)，接著按 Ctrl + C 鍵複製選取的資料內容。

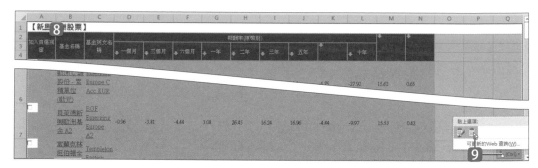

8 回到 Excel，新增一個空白活頁簿，選取 A1 儲存格再按 Ctrl + V 鍵貼上剛剛複製的資料內容。

9 於貼上的資料範圍右下角選按 （Ctrl） \ ，讓貼上的資料內容符合 **工作表1** 的格式，方便後續的資料篩選。

整理資料明細

先以基金類別為工作表命名,再調整基金歷史資料中不需要的內容與格式,以方便後續依 "4433 法則" 篩選績優基金。

1. 於 A1 儲存格連按二下滑鼠左鍵,選取儲存格中的標題文字,接著按 Ctrl + C 鍵複製。

2. 於工作表名稱連按二下滑鼠左鍵,按 Ctrl + V 鍵貼上,完成工作表的命名。

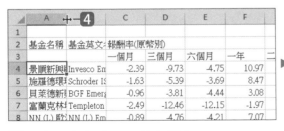

3. 選取 A 欄,在選取範圍上按一下滑鼠右鍵,選按 **刪除**。(刪除多餘的 A 欄資料)

4. 調整各欄欄寬:目前表單中 A、B、J、L、M 這幾欄內的資料長度大於欄寬,所以資料無法完整呈現,將滑鼠指標移至要調整寬度的欄名之間,呈 ++ 狀,連按二下滑鼠左鍵,儲存格即會依該欄的內容自動調整寬度。(依此方法調整 A、B、J、L、M 欄寬)

5 調整標題位置：複製 A2、B2 儲存格，於 A3、B3 貼上。

6 同樣的，複製 L2、M2 儲存格，於 L3、M3 貼上。

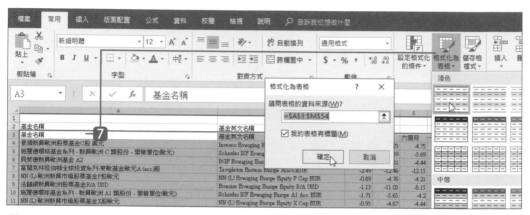

7 格式化為表格，篩選範圍內的資料：選取 A3:M54 儲存格範圍，選按 **常用** 索引標籤 \ **格式化為表格** \ **(如圖樣式)**。確認資料來源範圍後核選 **我的表格有標題**，選按 **確定**。(設定完成後會看到每個標題名稱的右側出現 ▾ 符號可進行篩選)

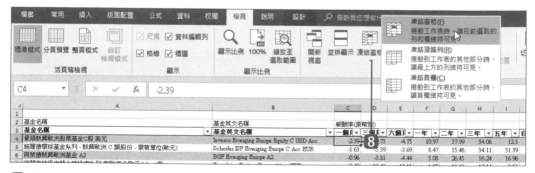

8 凍結窗格可固定右側資料：選取 C4 儲存格，選按 **檢視** 索引標籤 \ **凍結窗格** \ **凍結窗格**，可以看到以 C4 儲存格為基準分割為四個區域，拖曳右側捲軸時會發現 A~B 欄與第 1~3 列均被凍結，成為不可捲動的儲存格。(選按 **檢視** 索引標籤 \ **凍結窗格** \ **取消凍結窗格** 可取消此功能。)

4433 法則篩選好基金

"4433 法則" 是以中長期績效為準則,再來考慮短期基金績效,共有四個關卡:先以 1 年為基準,再來是 2、3、5 年,然後再選擇 6 個月,最後以 3 個月的基金績效為主篩選出績優基金。

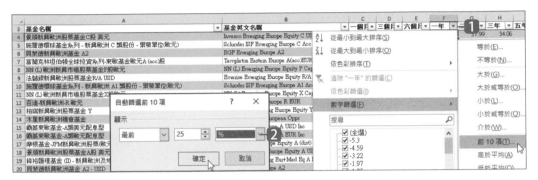

1️⃣ 首先選按 **一年** 右側 ⏷ 清單鈕,選按 **數字篩選 \ 前 10 項**。

2️⃣ 設定 **最前**、**25**、**%**,選按 **確定**,即可篩選出第 1 年排名前四分之一的項目。

以相同的方法,依序篩選出第 2、3、5 年排名前四分之一的基金。

Tips

名詞說明:4433 法則

4433 法則是台大財務金融所教授邱顯比、李存修建議用來挑選優質基金的法則,為國內最常使用的基金評選方式。依據該檔基金過去 3 個月、6 個月、1 年、2 年、3 年、5 年及今年以來至今的績效報酬在其同類型基金之相對位置,篩選出特定類型中長期績效表現穩定強勢的基金,以作為投資組合配置的參考。

4433 法則代表的意義如下:

第一個 "4":1 年期基金績效排名在同類型基金前四分之一

第二個 "4":2 年、3 年、5 年、今年以來基金績效在同類型基金前四分之一

第一個 "3":6 個月基金績效排名在同類型基金前三分之一

第二個 "3":3 個月基金績效排名在同類型基金前三分之一

若只看 3 個月、6 個月的短期績效,很容易買到爆發力強但續航力差的 "短命" 基金,如果 3、5 年的長期績效均能維持在前段班,短期績效也不錯,表示其應變能力強,是兼顧短中長期績效的前段班好基金。

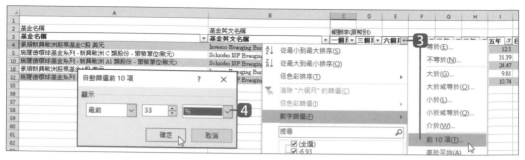

3 選按 **六個月** 右側 ⏷ 清單鈕，選按 **數字篩選 \ 前 10 項**。

4 設定 **最前**、**33**、**%**，選按 **確定**，即可篩選出 6 個月排名前三分之一的項目。

以相同方法，篩選出 3 個月排名前三分之一的基金。

基金名稱	基金英文名稱	報酬率(原幣別)			
基金名稱	基金英文名稱	一個月	三個月	六個月	一年
施羅德環球基金系列 - 新興歐洲 C 類股份 - 累積單位(歐元)	Schroder ISF Emerging Europe C Acc EUR	-1.63	-5.39	-3.69	8.47
施羅德環球基金系列 - 新興歐洲 A1 類股份 - 累積單位(歐元)	Schroder ISF Emerging Europe A1 Acc EUR	-1.71	-5.65	-4.2	7.34

篩選後的結果有二檔 (線上資料會隨時變動，所以每次取得的資料不盡相同)，即是依循 "4433 法則" 挑選出來中長期績效較好的基金檔次，然而這是以過去報酬率進行評估，所以只能反映基金的平均績效表現，並不能百分百保證未來業績。如果這二檔基金要再進一步比較，除了聽聽專業人員的說明分析，也可觀察基金的 **年化標準差**，其數值愈大表示風險大；數值愈小則風險較小。

基金名稱	基金英文名稱	年化標準差三年(原幣)	Sharpe三年(
基金名稱	基金英文名稱	十年	年化標準差三年(原幣	Sharpe三年
施羅德環球基金系列 - 新興歐洲 A1 類股份 - 累積單位(歐元)	Schroder ISF Emerging Europe A1 Acc EUR	17.95	14.05
施羅德環球基金系列 - 新興歐洲 C 類股份 - 累積單位(歐元)	Schroder ISF Emerging Europe C Acc EUR	31.55	14.06

Tips

基金的獲利來源

通常可分為利息、股利、資本利得及匯差收益四種：

- **利息收入**：投資債券通常會有票面利息，可以有固定的利息收入。
- **股利(息)收入**：共同基金投資於上市或上櫃公司，於每年所配發之股票股利或現金股息。
- **資本利得**：基金資產投資於上市或上櫃公司的股票或其他有價證券，買賣價差所產生的利得，即為資本利得；相反若產生損失，即為資本損失。
- **匯差收益**：部分共同基金投資於海外股市，每日匯率換算價差所產生的匯兌收益或損失。

即時線上理財分析

掌握個人資產第一手現況

買了外幣匯存、黃金存摺或是股票，常無法掌握獲利或賠錢
狀況，製作一份線上即時理財管理的工作表，不只讓你方便
掌握個人資產現況，也可因應高點低點，抓住買進或賣出的
好時機。

▶ 範例分析

Q 投資股票多年，最近發現對帳單上投資損益是負數，這樣是不是代表賠錢了？

A 雖然投資損益負數代表著股價下跌了，但如果不把所有領回的股利精算一下，只憑帳面上的數值，並無法得知損益狀況。

於下表的個人股票管理表，分別輸入股票名稱及即時股票成交價，利用過去買進的價格與股數計算成本，加總歷年來領取的現金股利及股票股利，計算出目前的損益。

輸入股票名稱與各項基本資訊　　匯入即時行情並取得最新成交價　　用 **買進價格** 及 **買進股數** 計算 **買進成本**

股票基本資訊		股票基本資訊		股票基本資訊	
股票名稱	鴻海 2317	股票名稱	中華電 2412	股票名稱	聯發科 2454
目前成交價	84.6	目前成交價	106.5	目前成交價	275.5
買進資訊		買進資訊		買進資訊	
買進價格	111.5	買進價格	79.0	買進價格	346.0
買進股數	3000	買進股數	2000	買進股數	1000
買進成本	334500	買進成本	158000	買進成本	346000
配息資訊		配息資訊		配息資訊	
現金股利加總	57300	現金股利加總	70860	現金股利加總	67500
股票股利加總	1410	股票股利加總	0	股票股利加總	0
殖利率	2.36%	殖利率	4.50%	殖利率	3.63%
每股平均價格	62.86	每股平均價格	43.57	每股平均價格	278.50
報酬率	28.67%	報酬率	79.66%	報酬率	-0.87%
股利政策 (單位：元)		股利政策 (單位：元)		股利政策 (單位：元)	
2010年 現金股利		2010年 現金股利	11040	2010年 現金股利	
股票股利		股票股利	0	股票股利	
2011年 現金股利	4500	2011年 現金股利	10920	2011年 現金股利	
股票股利	300	股票股利	0	股票股利	
2012年 現金股利	4500	2012年 現金股利	10700	2012年 現金股利	
股票股利	300	股票股利	0	股票股利	
2013年 現金股利	5400	2013年 現金股利	9060	2013年 現金股利	15000
股票股利	360	股票股利	0	股票股利	0
2014年 現金股利	11400	2014年 現金股利	9720	2014年 現金股利	22000
股票股利	150	股票股利	0	股票股利	0
2015年 現金股利	12000	2015年 現金股利	10980	2015年 現金股利	11000
股票股利	300	股票股利	0	股票股利	0

輸入已知的 **現金股利** 與 **股票股利**　　已知 **目前成交價**、**買進資訊**、**配息資訊**，計算 **報酬率**。　　已知 **目前成交價**，計算股票 **殖利率**。　　用 **現金股利** 與 **股票股利** 計算 **現金股利加總** 與 **股票股利加總**。

此範例為已購買的三檔股票之買進價格與買進股數,利用取得線上即時資料 (現金股利、股票股利...等),了解持股獲利或虧損狀態:

股票名	鴻海 2317	中華電 2412	聯發科 2454
目前成交價		取得線上即時資料	
買進價格	111.5	79.0	346.0
買進股數	3000	2000	1000

● 立即試算

輸入股票基本資訊

於範例原始檔中已預先設計好股票基本資訊項目與表單配置,接著請輸入 **股票名稱**、**買進價格** 及 **買進股數**。

◢	A	B	C	D	E	F	G	H	I
1	股票基本資訊								
2	股票名稱	鴻海 2317							
3	目前成交價								
4	買進資訊								
5	買進價格	111.5							
6	買進股數	3000							
7	買進成本								
8	配息資訊								
9	現金股利加總								

匯入股票即時行情資料

範例中要透過 "鉅亨網" 搜尋並連結至股票即時行情的頁面,再匯入即時資料。(由於本範例使用的即時資訊網站內容排版關係,在 **新增 Web 查詢** 對話方塊中顯示的欄位會重疊不易選取,所以建議先使用瀏覽器開啟,再從網址列複製網址使用。)

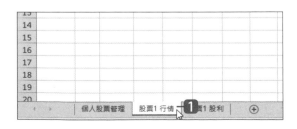

1 切換至 **股票1 行情** 工作表。

 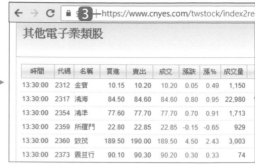

2️⃣ 開啟瀏覽器連結至 "鉅亨網" 網站 (https://www.cnyes.com/)，選按 **台股 \ 台指期 \ 個股**，接著選按合適的產業別。(本範例選按 **其他電子業**)

3️⃣ 可看到該產業類別的即時行情，全選網址列中的網址後按 Ctrl + C 鍵複製。

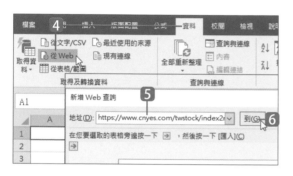

4️⃣ 回到 Excel，選按 **資料** 索引標籤 \ **從 Web** 開啟對話方塊。

5️⃣ 於 **地址** 刪除預設網址後，再按 Ctrl + V 鍵將複製的網址貼上。

6️⃣ 按 **到** 連結至該頁面。(如果出現多次 **指令碼錯誤** 與 **安全性警告** 對話方塊，分別選按 **否** 略過。)

Tips

從 Web 精靈為新版本

如果選按 **從 Web** 後，不是開啟 **新增 Web 查詢** 對話方塊，而是出現如下圖的視窗，表示你的 Excel 為最新的版本 (此版本在匯入部分網站資料後，中文字會呈現亂碼狀態)，所以在此建議使用舊版功能匯入。

選按 **檔案** 索引標籤 \ **選項** 開啟對話方塊，於 **資料 \ 顯示舊版匯入精靈** 核選 **從 Web (舊版)**，再選按 **確定**，然後重新開啟 Excel 軟體。要匯入線上資料時，選按 **資料** 索引標籤 \ **取得資料 \ 傳統精靈 \ 從 Web (舊版)** 即可開啟 **新增 Web 查詢** 對話方塊。

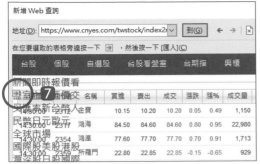
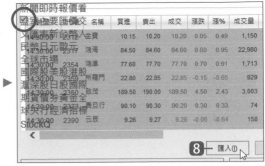

7 於網頁即時行情表格的左上角選按 ➡ 呈 ☑ 狀。

8 選按 匯入。

9 確認核選 將資料放在：目前工作表 的儲存格：=$A$1，選按 確定。

這樣就可以完成股票即時行情資料 的匯入。

匯入股票股利歷史資料

由於試算中需要用到股利的數值，所以需匯入股票股利歷史資料。

1 切換至 股票1 股利 工作表。

2 於瀏覽器繼續於 個股 網頁中選按股票名稱，進入該個股資料頁面。

3 選按 基本面 \ 除權除息 開啟股利歷史資料。

4 全選網址列中的網址，按 Ctrl + C 鍵複製。

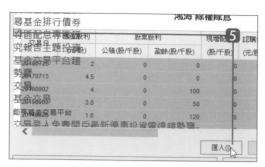

5 依相同操作方法，回到 Excel，選按 **資料** 索引標籤 \ **從 Web** ，貼上網址並連結，再核選股利歷史表單，選按 **匯入**。

6 核選 **將資料放在**：**目前工作表的儲存格=$A$1**，按 **確定**，完成股票股利歷史資料匯入。

取得股票即時成交價

於 **股票1 行情** 工作表中取得股票的即時成交價。

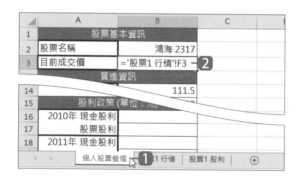

1 切換至 **個人股票管理** 工作表。

2 選取 B3 儲存格，取得即時 **目前成交價**，輸入：
   ='股票1 行情'!F3。

計算買進成本並輸入股利政策數值

已知 **買進價格** 與 **買進股數**，計算當初的 **買進成本**，再輸入歷年來所領取的股利。

■ 買進成本 = 買進價格 × 買進股數

1 選取 B7 儲存格，計算 **買進成本** 金額，輸入公式：**=B5*B6**。

14		
15	股利政策 (單位：元)	
16	2010年 現金股利	
17	股票股利	
18	2011年 現金股利	4500
19	股票股利	300
20	2012年 現金股利	4500
21	股票股利	300
22	2013年 現金股利	5400
23	股票股利	360
24	2014年 現金股利	11400
25	股票股利	150
26	2015年 現金股利	12000
27	股票股利	300
28	2016年 現金股利	13500
29	股票股利	0
30	2017年 現金股利	6000
31	股票股利	0

2 於 **股利政策** 輸入買此檔股票後領到的 **現金股利** 及 **股票股利**。(可依帳戶內所領到的資料填入，也可從券商軟體或是股利憑單查詢相關資料。)

Tips

名詞說明：現金股利與股票股利

當投資的公司標的有獲利時，會將盈餘的部分比例發放給股東，稱之為 "股利"。股利分為二種：現金股利 (也常稱為股息) 和股票股利 (也常稱為股利)，現金股利發放的是現金；而股票股利發放的是股票。

加總現金與股票股利

用 **SUM** 函數，分別計算現金股利及股票股利的領取加總和。

	A	B	C
8	配息資訊		
9	現金股利加總 **1**	=SUM(B18,B20,B22,B24,B26,B28,B3	
10	股票股利加總		
11	殖利率		
12	每股平均價格		
13	報酬率		
14			
15	股利政策 (單位：元)		
16	2010年 現金股利		

▶

	A	B	C
8	配息資訊		
9	現金股利加總	57300	
10	股票股利加總 **2**	=SUM(B19,B21,B23,B25,B27,B29,B3	
11	殖利率		
12	每股平均價格		
13	報酬率		
14			
15	股利政策 (單位：元)		
16	2010年 現金股利		

1 選取 B9 儲存格，計算 **現金股利加總** 金額，輸入公式：
=SUM(B18,B20,B22,B24,B26,B28,B30)。

2 選取 B10 儲存格，計算 **股票股利加總** 配股數，輸入公式：
=SUM(B19,B21,B23,B25,B27,B29,B31)。

計算股票殖利率

殖利率 是許多投資人在購買股票前會參考的指標項目之一，股票殖利率會隨著股價而變動。若已經買了股票，就使用買進時的股價計算殖利率；若想知道過去每年的殖利率，可用除息前一天的收盤價計算。

- 殖利率 = 現金股利 ÷ 股價

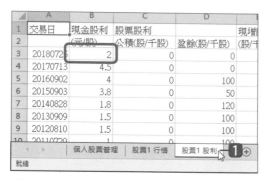

1. 切換至 **股票1 股利** 工作表，可看到最新年度的 **現金股利** 數值位於 B3 儲存格中。

2. 切換至 **個人股票管理** 工作表，選取 B11 儲存格計算 **殖利率**，輸入公式：
   ='股票1 股利'!B3/個人股票管理!B3。

3. 選取 B11 儲存格，選按 **常用** 索引標籤 \ **數值** \ **百分比**，為殖利率的值套用百分比格式。

Tips

名詞說明：股票殖利率

一般提到股票的殖利率，指的都是股票的現金殖利率，把股票當成存款或債券一樣，把每年配發的現金股利當作利息計算報酬率，股票殖利率就是買這檔股票會得到多少 % 股息，通常會與銀行利息相比，若股票殖利率高於銀行利息則該檔個股的持有報酬率優於銀行。

計算每股平均價格

每股平均價格 是計算自某個時間點至現在，買賣雙方成交的平均價格，依此價格與 **目前成交價** 比較實質上的價差；如果數值比較低，代表此檔股票目前是賺錢的，反之，則表示此檔股票為虧損中。

- 每股平均價格 = 總成交金額 ÷ 總成交股數
- 每股平均價格 = (買進成本 － 現金股利加總) ÷ (買進股數 ＋ 股票股利加總)

	A	B	C
1	股票基本資訊		
2	股票名稱	鴻海 2317	
3	目前成交價	84.6	
4	買進資訊		
5	買進價格	111.5	
6	買進股數	3000	
7	買進成本	334500	
8	配息資訊		
9	現金股利加總	57300	
10	股票股利加總	1410	
11	殖利率	2.36%	
12	每股平均價格	=(B7-B9)/(B6+B10)	
13	報酬率		

選取 B12 儲存格，計算 **每股平均價格** 的金額，輸入公式：

=(B7-B9)/(B6+B10)。

計算股票報酬率

報酬率 可以看出目前投資的股票損益狀態，如果已呈現虧損，最好還是認賠殺出，免得損失太多。

- 期末淨值 = (買進股數 ＋ 股票股利加總) × 目前成交價 ＋ 現金股利加總
- 投資報酬率 = (期末淨值 － 期初投資) ÷ 期初投資

1. 選取 B13 儲存格，首先計算期末淨值，輸入公式：

   =(B6+B10)*B3+B9。

2. 算出期末淨值後，就可以算出報酬率，一樣選取 B13 儲存格，在已有的公式中加入新的計算，輸入公式：

   =((B6+B10)*B3+B9-B7)/B7。

	A	B	C	D	E	F	G	H	I
8	配息資訊								
9	現金股利加總	57300							
10	股票股利加總	1410							
11	殖利率	2.36%							
12	每股平均價格	62.86							
13	報酬率	28.67%							

3 選取 B13 儲存格，選按 **常用** 索引標籤 \ **數值** \ **百分比**，為 **報酬率** 的值套用百分比格式。

	A	B	C
1	股票基本資訊		
2	股票名稱	鴻海 2317	
3	目前成交價	84.6	
4	買進資訊		
5	買進價格	111.5	
6	買進股數	3000	
7	買進成本	334500	
8	配息資訊		
9	現金股利加總	57300	
10	股票股利加總	1410	
11	殖利率	2.36%	
12	每股平均價格	62.86	
13	報酬率	28.67%	

在試算結果可看到，雖然目前成交價低於當初買進的價格，但加計這些年已領取的現金股利及股票股利，投資成本平均為每股 62.86 元，比較目前成交價 84.6 元來看不僅沒賠錢還有賺，而且在經過淨值計算後，投資報酬率有 28.67 %，算是一檔有獲利的股票。

依相同的操作方式，將製作好的表單配置複製到右側的儲存格，變更 **股票名稱**、**買進價格**、**買進股數**...等資料，再取得即時行情及股利的資料，就可以立即算出第 2 檔、第 3 檔股票的數值，了解持有股票的獲利狀況。

股票基本資訊		股票基本資訊		股票基本資訊	
股票名稱	鴻海 2317	股票名稱	中華電 2412	股票名稱	聯發科 2454
目前成交價	84.6	目前成交價	106.5	目前成交價	275.5
買進資訊		買進資訊		買進資訊	
買進價格	111.5	買進價格	79.0	買進價格	346.0
買進股數	3000	買進股數	2000	買進股數	1000
買進成本	334500	買進成本	158000	買進成本	346000
配息資訊		配息資訊		配息資訊	
現金股利加總	57300	現金股利加總	70860	現金股利加總	67500
股票股利加總	1410	股票股利加總	0	股票股利加總	0
殖利率	2.36%	殖利率	4.50%	殖利率	3.63%
每股平均價格	62.86	每股平均價格	43.57	每股平均價格	278.50
報酬率	28.67%	報酬率	79.66%	報酬率	-0.87%
股利政策 (單位：元)		股利政策 (單位：元)		股利政策 (單位：元)	

7.2 外幣存款獲利評估

掌握外幣即期匯率，讓資產管理更加即時。

● 範例分析

Q 外幣存款也是投資理財的一種方式，然而買進與賣出價格隨時都在變化，如何取得最即時的資料呢？

A 將銀行網站的即時外幣資料匯入至工作表中，取得最新的數據，再也不用每次都得上網查詢。

此份個人資產盤點表，分別記錄了過往外幣 (在此以日幣示範) 買進、賣出價格，利用即時資料取得即期與歷史匯率記錄，藉此計算目前投資的現值，讓你更方便管理資產獲利。

輸入銀行名稱與基本資訊，　　　用 **NOW** 函數取得
包含 **買進、賣出、現值**...等。　即時日期與時間　　　取得即時資料中的數值

個人資產盤點			
外幣（日元）			
台灣銀行	參考時間： 2018/11/6 2:29 PM		
買進	0.2752	賣出	0.2712
日幣總值	¥90,000	台幣總值	NT$24,788
現值	NT$24,408		
日期	金額 (¥)	購入匯率	金額 (NT)
2018/5/4	¥15,000	0.2744	NT$4,116
2018/6/4	¥15,000	0.2742	NT$4,113
2018/7/4	¥15,000	0.278	NT$4,170
2018/8/3	¥15,000	0.2767	NT$4,151
2018/9/4	¥15,000	0.2779	NT$4,169
2018/10/4	¥15,000	0.2713	NT$4,070

輸入購買 **日期** 與　用 **VLOOKUP** 函數取　以 **購入匯率** 與 **金額(¥)**　以 **日幣總值** 與
金額　　　　　　得即時資料中的數值　計算等值台幣金額　　　**金額** 計算

⊙ 立即試算

匯入外幣即期匯率線上即時資料

於範例原始檔中已預先設計好個人資產盤點項目與表單配置,接著透過 "台灣銀行牌告匯率" 匯入網頁即時資料。

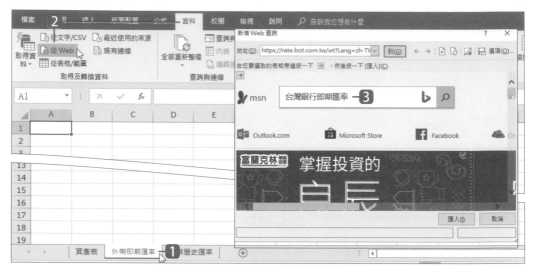

1 切換至 **外幣即期匯率** 工作表。

2 選按 **資料** 索引標籤 \ **從 Web** 開啟對話方塊。

3 對話方塊預設開啟 MSN 首頁,於 **搜尋列** 中輸入關鍵字「台灣銀行即期匯率」,按 **Enter** 鍵。(如果出現 **指令碼錯誤** 與 **安全性警告** 對話方方塊,選按 **否** 略過。)

▶

4 於搜尋結果選按 "台灣銀行牌告匯率",連結至銀行匯率頁面。

⑤ 於網頁左上角選按 ➡ 呈 ☑ 狀。

⑥ 選按 匯入。

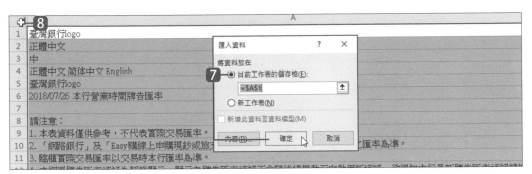

⑦ 確認核選 將資料放在：目前工作表的儲存格=$A$1，選按 確定。

⑧ 完成匯入後，於工作表左上角 ◢ 按一下滑鼠左鍵選取全部儲存格。

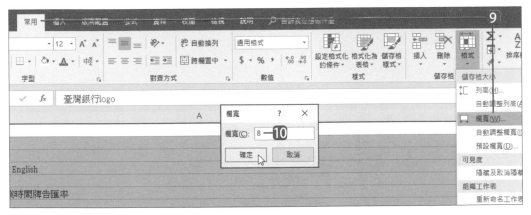

⑨ 選按 常用 索引標籤 \ 格式 \ 欄寬 開啟對話方塊。

⑩ 輸入 欄寬：「8」，選按 確定。

現金匯率	即期匯率					
幣別	幣別	現金匯率			即期匯率	
		本行買入	本行賣出	本行買入	本行賣出	
幣別國旗	30.495	31.185	30.865	30.965	查詢	查詢
美金 (USD)						
美金 (USD)						
幣別國旗	3.774	3.99	3.91	3.97	查詢	查詢

從 Web 匯入的資料欄位會根據網頁設定顯示，所以在匯入後調整成較合適的欄寬，方便後續操作。

匯入其他線上即時資料

完成外幣即期匯率資料匯入後， 依相同操作方式完成 **外幣歷史匯率** 工作表資料匯入。

1 切換至 **外幣歷史匯率** 工作表。

2 選按 **資料** 索引標籤 \ **從 Web** 開啟對話方塊。

3 於 **地址** 中刪除舊的網址，再輸入「https://rate.bot.com.tw/xrt/quote/l6m/JPY」(需依此大小寫輸入)，按 **到**，進入台灣銀行外幣 (日元) 歷史牌告匯率頁面 (目前此銀行若未登入網路銀行僅能查詢近半年的歷史資料)。

4 於網頁左上角選按 呈 狀。

5 選按 **匯入**，將資料指定匯入 A1 儲存格後，稍加調整欄寬。

輸入購買日期、金額(¥)

開始個人資產盤點前，先將購入的 **日期、金額** 與 **購入匯率** 輸入，若是忘記當初的購入匯率，可於各銀行的歷史匯率專頁查詢，若是 "近半年" 內的購入匯率可依之後的操作說明取得即時資料。

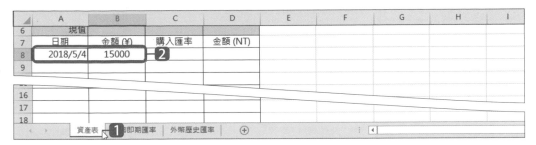

1 切換至 **資產表** 工作表。

2 選取 A8 儲存格，輸入外幣(日元) 第一筆購買 **日期**；選取 B8 儲存格，輸入第一筆購買 **金額(¥)**。

取得購入時的歷史匯率

用 **VLOOKUP** 函數，在 **外幣歷史匯率** 工作表搜尋並回傳正確的數值。

1 選取 C8 儲存格，用 **VLOOKUP** 函數求得近半年內購買日當天的匯率，指定要比對的檢視值 (A8 儲存格)、指定參照範圍 (**外幣歷史匯率** 工作表中，半年內資料的第一筆到最後一筆，不同日期匯入的歷史資料筆數不盡相同，請依匯入的資料內容調整參照範圍。)，最後傳回參照範圍由左數來第 6 欄的值，並需尋找完全符合的值，輸入公式：

=VLOOKUP(A8,外幣歷史匯率!$A$23:$F$150,6,0)。

> 之後要複製此公式，所以利用絕對參照指定參照範圍。

▲	A	B	C	D	E	F	G	H	I
1		個人資產盤點							
2		外幣（日元）							
3	台灣銀行	參考時間：							
4	買進		賣出						
5	日幣總值		台幣總值						
6	現值								
7	日期	金額 (¥)	購入匯率	金額 (NT)					
8	2018/5/4	15000	=IF(A8="","",VLOOKUP(A8,外幣歷史匯率!$A$23:$F$150,6,0))						
9									

2 承上步驟，**VLOOKUP** 函數雖然可以傳回正確數值，可是當 **日期** 欄位呈空白無資料時，**購入匯率** 欄位就會出現 #N/A 錯誤值，在此加入 **IF** 函數判斷，當 A8 儲存格沒有資料時，C8 儲存格顯示空白，否則就執行 **VLOOKUP** 函數，輸入公式：

=IF(A8="","",VLOOKUP(A8,外幣歷史匯率!$A$23:$F$150,6,0))。

IF 函數

説明：IF 函數是一個判斷式，可依條件判定的結果分別處理，假設儲存格的值檢驗為 TRUE (真) 時，執行條件成立時的命令，反之 FALSE (假) 則執行條件不成立時的命令。

格式：IF(條件,條件成立,條件不成立)

引數：條件　　　　使用比較運算子的邏輯式設定條件判斷式。

　　　條件成立　若符合條件時的處理方式或顯示的值。

　　　條件不成立　若不符合條件時的處理方式或顯示的值。

VLOOKUP 函數

説明： 從直向參照表中取得符合條件的資料。

格式：VLOOKUP(檢視值,參照範圍,欄數,檢視型式)

引數：檢視值　　　指定檢視的儲存格位址或數值。

　　　參照範圍　指定參照表範圍 (不包含標題欄)。

　　　欄數　　　數值，指定傳回參照表範圍由左算起第幾欄的資料。

　　　檢視型式　檢視的方法有 TRUE (1) 或 FALSE (0)。值為 TRUE 或被省略，會以大約符合的方式找尋，如果找不到完全符合的值則傳回僅次於檢視值的最大值。當值為 FALSE，會尋找完全符合的數值，如果找不到則傳回錯誤值 #N/A。

名詞說明：外幣現金匯率、即期匯率

現金匯率 是指手上持有外幣現鈔，要跟銀行換鈔或交易 (買進或賣出) 使用的匯率；**即期匯率** 會在你的銀行外幣戶頭做進出，不會有實體的鈔票，外幣投資、轉帳、買美金定存...等需要外幣交易時會用到。現金匯率價格會比較貴一點，因為銀行還有保管外幣的成本。

名詞說明：買入、賣出價格

是站在銀行的角度向你買入或賣出，銀行的買入價格是指 "銀行向你買入外幣、黃金...等投資品" 的價格；而銀行賣出價格是指 "銀行賣出外幣、黃金...等投資品給你" 的價格。

幣別	現金匯率		即期匯率	
	本行買入	本行賣出	本行買入	本行賣出
圓 (JPY)	0.2672	0.28	0.2745	0.2785
圓 (JPY)	0.267	0.2798	0.2743	0.2783
圓 (JPY)	0.2666	0.2794	0.2739	0.2779
圓 (JPY)	0.2674	0.2802	0.2747	0.2787
圓 (JPY)	0.268	0.2808	0.2753	0.2793
圓 (JPY)	0.2656	0.2784	0.2729	0.2769
圓 (JPY)	0.2668	0.2796	0.2741	0.2781

3 按住 C8 儲存格右下角的 **填滿控點** 往下拖曳，至 C31 儲存格再放開滑鼠左鍵，完成 **購入匯率** 的公式建立。

④ 最後於外幣存款的 **日期**、**金額(¥)**，輸入每個月固定購買的日期與金額，函數將傳回這半年內正確的歷史匯率 (若為半年前的項目請手動輸入)。

取得即期匯率

在 **外幣即期匯率** 工作表取得即時資料。

① 切換至 **外幣即時匯率** 工作表。

② 匯入即期匯率前，先瞭解儲存格的相對位置，幣別名稱的上方分別是該幣別的 "現金匯率" 與 "即期匯率" 的買入及賣出價。(由於每間銀行匯入資料不同，所以資料位置也可能不同，本範例匯入台灣銀行即時資料。)

③ 此例要取得日圓即期匯率的資料，D75 儲存格為日圓 **本行買入** 的即期匯率，E75 儲存格為日圓 **本行賣出** 的即期匯率。

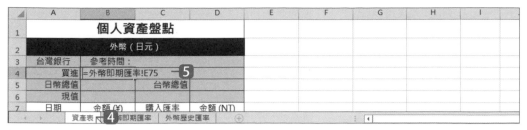

4️⃣ 切換至 **資產表** 工作表。

5️⃣ 選取 B4 儲存格,個人買進的匯率即為銀行的賣出匯率,因此輸入:
=外幣即期匯率!E75。

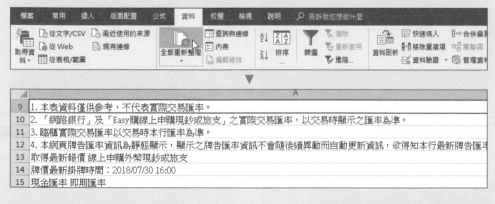

6️⃣ 選取 D4 儲存格,個人賣出的匯率即為銀行的買入匯率,輸入:
=外幣即期匯率!D75。

Tips

重新整理即時資料

選按 **資料** 索引標籤 \ **全部重新整理**,可以將匯入的資料全部更
新。在重新整理後,欄寬會回復成一開始匯入時的狀態,但資料內容仍維持在
原儲存格位置,如果想縮小欄寬,可參考 P.7-13 的操作。

	A
9	1.本表資料僅供參考,不代表實際交易匯率。
10	2.「網路銀行」及「Easy購線上申購現鈔或旅支」之實際交易匯率,以交易時顯示之匯率為準。
11	3.臨櫃實際交易匯率以交易時本行匯率為準。
12	4.本網頁牌告匯率資訊為靜態顯示,顯示之牌告匯率資訊不會隨後續異動而自動更新資訊,欲得知本行最新牌告匯率
13	取得最新報價 線上申購外幣現鈔或旅支
14	牌價最新掛牌時間:2018/07/30 16:00
15	現金匯率 即期匯率

由於此即時資料是與網頁同步,如果該網頁有改版異動,可能會影響資料的儲存
格位置,而使得公式無法取得原先的值,因此重新整理後最好再檢查一遍。

取得即時參考時間

在 **參考時間**，用 **NOW** 函數取得即時日期與時間，以對應下方即時 **買進** 與 **賣出** 價格所屬日期與時間點。

1 選取 C3 儲存格，輸入公式：**=NOW()**。

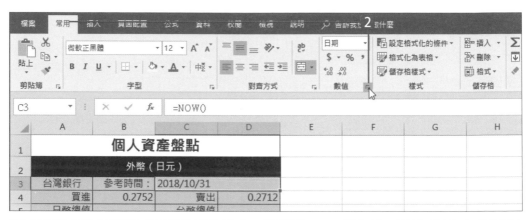

2 如果取得的時間格式不是想要的樣式，繼續選取 C3 儲存格，選按 **常用** 索引標籤 \ **數值** 開啟對話方塊。

3 選按 **數值** 標籤 \ 類別：**日期**。

4 於 **類型** 清單中選擇合適的樣式。

5 按 **確定**，完成外幣 **參考時間** 的格式設定。

計算購買時的金額

計算過去購入的 **金額**，用 **IF** 函數判斷 **日期** 是否有資料，若有資料則計算金額 (NT) 的值。

- 金額 (NT) = 購入匯率 × 金額 (¥)。

	A	B	C	D	E	F	G	H	I
1		**個人資產盤點**							
2		外幣（日元）							
3	台灣銀行	參考時間：	2018/10/31 2:34 PM						
4	買進	0.2752	賣出	0.2712					
5	日幣總值		台幣總值						
6	現值								
7	日期	金額 (¥)	購入匯率	金額 (NT)					
8	2018/5/4	15000	0.2744	=IF(A8="","",C8*B8) —①					
9	2018/6/4	15000	0.2742						
10	2018/7/4	15000	0.278						

① 選取 D8 儲存格，使用 **IF** 函數判斷 A8 儲存格有無資料，決定顯示空白還是執行計算，輸入公式：**=IF(A8="","",C8*B8)**。

	A	B	C	D	E	F	G	H	I
3	台灣銀行	參考時間：	2018/10/31 2:37 PM						
4	買進	0.2752	賣出	0.2712					
5	日幣總值		台幣總值						
6	現值								
7	日期	金額 (¥)	購入匯率	金額 (NT)					
8	2018/5/4	15000	0.2744	4116	②				
9	2018/6/4	15000	0.2742	4113					
10	2018/7/4	15000	0.278	4170					
	2018/8/3	15000	0.2767	4150.5					
26				4168.5					
27									
28									
29									
30									
31									

② 按住 D8 儲存格右下角的 **填滿控點** 往下拖曳，至 D31 儲存格再放開滑鼠左鍵，完成 **金額 (NT)** 計算複製。

計算購買成本與現值

完成外幣各個月的購入金額計算後，接著計算總共投資了多少 **台幣總值**，以及持有多少外幣與目前 **現值** 是多少？

- 台幣現值 = 日幣總值 × 日元即時賣出價格

	A	B	C	D	E	F	G	H	I
1		**個人資產盤點**							
2		外幣（日元）							
3	台灣銀行	參考時間：	2018/10/31 2:45 PM						
4	買進	0.2752	賣出	0.2712					
5	日幣總值	=SUM(B8:B31)	①幣總值						
6	現值								
7	日期	金額（¥）	購入匯率	金額（NT）					
8	2018/5/4	15000	0.2744	4116					
9	2018/6/4	15000	0.2742	4113					
10	2018/7/4	15000	0.278	4170					

① 選取 B5 儲存格，用 **SUM** 函數計算目前總共持有的外幣金額，輸入公式：
=SUM(B8:B31)。

	A	B	C	D	E	F	G	H	I
1		**個人資產盤點**							
2		外幣（日元）							
3	台灣銀行	參考時間：	2018/10/31 2:50 PM						
4	買進	0.2752	賣出	0.2712					
5	日幣總值	90000	台幣總值	=SUM(D8:D31)	②				
6	現值								
7	日期	金額（¥）	購入匯率	金額（NT）					
8	2018/5/4	15000	0.2744	4116					
9	2018/6/4	15000	0.2742	4113					
10	2018/7/4	15000	0.278	4170					
11	2018/8/3	15000	0.2767	4150.5					
12	2018/9/4	15000	0.2779	4168.5					

② 選取 D5 儲存格，用 **SUM** 函數計算目前在外幣投資中，總共花費了多少新台幣金額，輸入公式：**=SUM(D8:D31)**。

SUM 函數

說明：求得指定數值、儲存格或儲存格範圍內所有數值的總和。

格式：**SUM(數值 1,數值 2,...)**

引數：**數值** 可為數值或儲存格範圍，1 到 255 個要加總的值。若為加總連續儲存格則可用冒號 ":" 指定起始與結束儲存格，但若要加總不相鄰儲存格內的數值，則用逗號 "," 區隔。

3 選取 B6 儲存格，利用已知的外幣即時 **賣出** 價格，計算目前持有的外幣 **現值** (新台幣)，輸入公式：**=B5*D4**。

設定貨幣樣式

目前完成的個人資產盤點中，因為含有新台幣與外幣的數值，建議加上新台幣與外幣符號的標示，方便一眼就能看出幣值。

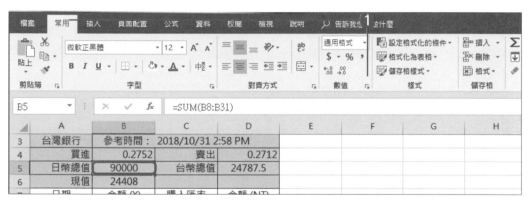

1 選取 B5 儲存格，選按 **常用** 索引標籤 \ **數值** 🖾 開啟對話方塊。

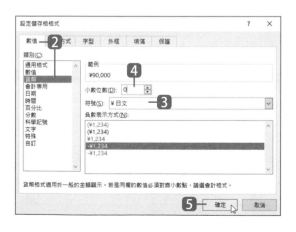

2 選按 **數值** 標籤 \ 類別：**貨幣**。

3 設定 **符號：¥ 日文**。

4 設定 **小數位數：0**。

5 選按 **確定**。

6 依相同操作方式，設定 B8:B31 儲存格數值樣式為 **¥ 日文** (日幣) 符號。

7 依相同操作方式，設定 B6、D5 儲存格的數值樣式為 **NT$** (新台幣) 符號。

8 最後設定 D8:D31 儲存格數值樣式為 **NT$** (新台幣) 符號。

將即時取得歷史匯率轉為數值

目前大部分銀行可供查詢的外幣歷史匯率約半年，當新的歷史匯率出現，舊的歷史
匯率就會一筆一筆消失 (例如像本範例尚可查詢 2018/5/2 的資料，但時間往後推至
2018/11/1 後，5/2 的歷史匯率就會變成無法查詢的狀態。)，在此建議當你完成所有
資料建置後，立即將 **購入匯率** 內的資料由公式變更為 "值"，就不會發生即時資料更
新而查詢不到的問題。

1 選取 C8:C12 儲存格。(建議可留下最新一筆的歷史匯率，待有新的交易時，即可
套用該函數公式。)

2 選按 **常用** 索引標籤 \ 📋。

3 C8 儲存格繼續選取中，選按 **常用** 索引標籤 \ **貼上** 清單鈕，清單中選按 🗔，完成後即可將原本複製的公式只貼上結果值。

有些人利用外幣定存的方式賺取利息或匯差，但部分外幣的存款利率趨近於零利率，所以有不少人利用匯率較低時購入以當做旅遊基金，想由此投資中獲利的話，就需慎選利息較高並注意買進價位與銀行交易之間的匯差，另外有些銀行會在提外幣款項時收取手續費。

外幣（日元）			
台灣銀行	參考時間： 2018/11/6 2:29 PM		
買進	0.2752	賣出	0.2712
日幣總值	¥90,000	台幣總值	NT$24,788
現值	NT$24,408		
日期	金額 (¥)	購入匯率	金額 (NT)
2018/5/4	¥15,000	0.2744	NT$4,116
2018/6/4	¥15,000	0.2742	NT$4,113
2018/7/4	¥15,000	0.278	NT$4,170
2018/8/3	¥15,000	0.2767	NT$4,151
2018/9/4	¥15,000	0.2779	NT$4,169
2018/10/4	¥15,000	0.2713	NT$4,070

除了本範例所試算的日圓匯率外，也可以將已購買的其他外幣加入資產表中計算。

外幣（美元）			
台灣銀行	參考時間： 2018/10/31 3:43 PM		
買進	30.97	賣出	30.87
日幣總值	US$5,000	台幣總值	NT$151,879
現值	NT$154,350		
日期	金額 (¥)	購入匯率	金額 (NT)
2018/5/4	US$1,000	29.755	NT$29,755
2018/6/4	US$800	29.865	NT$23,892
2018/7/4	US$1,200	30.535	NT$36,642
2018/8/3	US$500	30.75	NT$15,375
2018/9/4	US$1,000	30.8	NT$30,800
2018/10/4	US$500	30.83	NT$15,415

7.3 黃金存摺獲利評估

掌握最新黃金牌價，小資族也能輕鬆投資。

● 範例分析

Q 黃金存摺是投資理財的另一種方式，小資族們要如何取得這些投資物最即時的資料，方便掌握隨時都在變化的買進與賣出價格？

A 將銀行網站的黃金存摺即時資料匯入至工作表中，取得最新的數據，掌握最好的投資時機。

此份個人資產盤點表，分別記錄了過往黃金存摺買進、賣出價格，利用即時資料取得即期與牌價記錄，藉此計算目前投資的現值，讓你更方便管理資產獲利。

輸入銀行名稱與基本資訊，包含 **買進**、**賣出**、**現值**...等。　　用 **NOW** 函數取得即時日期與時間　　取得即時資料中的數值回傳

個人資產盤點

黃金存摺			
台灣銀行	參考時間：	2018/11/1 3:27 PM	
買進	1217	賣出	1202
重量	30	台幣總值	NT$36,650
現值	NT$36,060		
日期	重量（g）	牌價	金額（NT）
2018/5/10	5	NT$1,267	NT$6,335
2018/6/11	5	NT$1,249	NT$6,245
2018/7/10	5	NT$1,235	NT$6,175
2018/8/10	5	NT$1,199	NT$5,995
2018/9/10	5	NT$1,189	NT$5,945
2018/10/9	5	NT$1,191	NT$5,955

輸入購買 **日期** 與 **金額** (或 **重量**)　　用 **VLOOKUP** 函數取得即時資料中的數值回傳　　以 **牌價** 與 **重量** 計算等值台幣金額　　以 **重量** 與 **金額** 計算

● 立即試算

匯入黃金牌價線上即時資料

範例原始檔中已預先設計好個人資產盤點項目與表單配置，接著請透過 "台灣銀行黃金牌價" 匯入網頁即時資料。

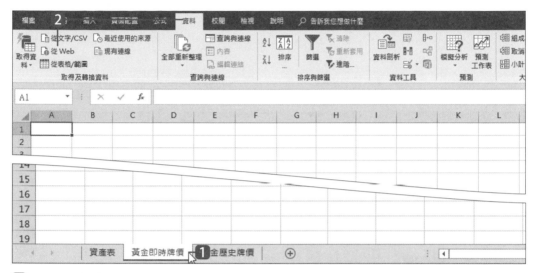

1️⃣ 切換至 **黃金即時牌價** 工作表。

2️⃣ 選按 **資料** 索引標籤 \ **從 Web** 開啟對話方塊。

3️⃣ 於 **地址** 中刪除舊的網址，再輸入「https://rate.bot.com.tw/gold?Lang=zh-TW」(需依此大小寫輸入)，按 **到**，進入台灣銀行黃金牌價頁面。

4️⃣ 於網頁左上角選按 ➡ 呈 ☑ 狀。

5️⃣ 選按 **匯入**。

6 確認核選 **將資料放在：目前工作表的儲存格=$A$1**，選按 **確定**。

7 完成匯入後，於工作表左上角 ▣ 按一下滑鼠左鍵選取全部儲存格。

8 選按 **常用** 索引標籤 \ **格式** \ **欄寬** 開啟對話方塊。

9 輸入 **欄寬**：「8」，選按 **確定**。

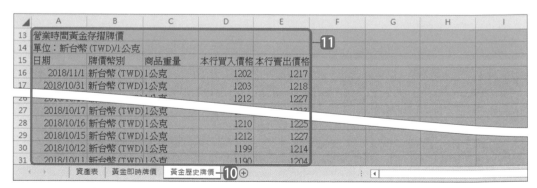

10 切換至 **黃金歷史牌價** 工作表。

11 依相同操作完成 **黃金歷史牌價** 資料的匯入，輸入台灣銀行黃金歷史牌價的網址「https://rate.bot.com.tw/gold/chart/year/TWD」，匯入完成後再調整欄位寬度。
(若未登入網路銀行僅能查詢 1 年的歷史資料)

輸入購買日期、重量(g)

開始個人資產盤點前，先將購入的 **日期、重量(g)** 與 **牌價** 輸入，若是忘記當初的牌價，可於各銀行的牌價專頁查詢，若是近 1 年內的購入牌價可依之後的操作說明取得即時資料。

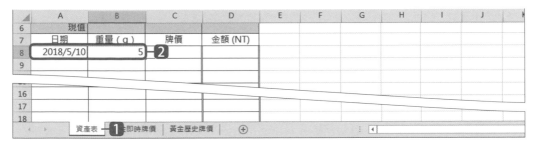

1. 切換至 **資產表** 工作表。

2. 選取 A8 儲存格，輸入黃金存摺第一筆購買 **日期**；選取 B8 儲存格，輸入第一筆購買 **重量(g)**。

取得購入時的牌價

用 **VLOOKUP** 函數，在 **黃金歷史牌價** 工作表搜尋並回傳正確的數值。

1. 選取 C8 儲存格，用 **VLOOKUP** 函數求得 1 年內購買日當天的牌價，指定要比對的檢視值 (A8 儲存格)、指定參照範圍 (**黃金歷史牌價** 工作表中，1 年內資料的第一筆到最後一筆，不同日期匯入的歷史資料筆數不盡相同，請依匯入的資料內容調整參照範圍。)，最後傳回參照範圍由左數來第 5 欄的值，並需尋找完全符合的值，輸入公式：

   =VLOOKUP(A8,黃金歷史牌價!$A$16:$E$264,5,0)。

   之後要複製此公式，所以利用絕對參照指定參照範圍。

	A	B	C	D	E	F	G	H	I	J	K
1			個人資產盤點								
2			黃金存摺								
3	台灣銀行	參考時間：									
4	買進			賣出							
5	重量		台幣總值								
6	現值										
7	日期	重量 (g)	牌價	金額 (NT)							
8	2018/5/10	5	=IF(A8="","",VLOOKUP(A8,黃金歷史牌價!\$A\$16:\$E\$264,5,0))								
9											

2 承上步驟，**VLOOKUP** 函數雖然可以傳回正確數值，可是當 **日期** 欄位呈空白無資料時，**牌價** 欄位就會出現 #N/A 錯誤值，在此加入 **IF** 函數判斷，當 A8 儲存格沒有資料時，C8 儲存格顯示空白，否則就執行 **VLOOKUP** 函數，輸入公式：

=IF(A8="","",VLOOKUP(A8,黃金歷史牌價!\$A\$16:\$E\$264,5,0))。

IF 函數

說明：**IF** 函數是一個判斷式，可依條件判定的結果分別處理，假設儲存格的值檢驗為 TRUE (真) 時，執行條件成立時的命令，反之 FALSE (假) 則執行條件不成立時的命令。

格式：**IF(條件,條件成立,條件不成立)**

引數：**條件**　　　使用比較運算子的邏輯式設定條件判斷式。

　　　　條件成立　若符合條件時的處理方式或顯示的值。

　　　　條件不成立　若不符合條件時的處理方式或顯示的值。

VLOOKUP 函數

說明：從直向參照表中取得符合條件的資料。

格式：**VLOOKUP(檢視值,參照範圍,欄數,檢視型式)**

引數：**檢視值**　　指定檢視的儲存格位址或數值。

　　　　參照範圍　指定參照表範圍 (不包含標題欄)。

　　　　欄數　　　數值，指定傳回參照表範圍由左算起第幾欄的資料。

　　　　檢視型式　檢視的方法有 TRUE (1) 或 FALSE (0)。值為 TRUE 或被省略，會以大約符合的方式找尋，如果找不到完全符合的值則傳回僅次於檢視值的最大值。當值為 FALSE，會尋找完全符合的數值，如果找不到則傳回錯誤值 #N/A。

名詞説明：買入、賣出價格

是站在銀行的角度向你買入或賣出，銀行的買入價格是指 "銀行向你買入外幣、黃金...等投資品" 的價格；而銀行賣出價格是指 "銀行賣出外幣、黃金...等投資品給你" 的價格。

時間：2018/11/01 08:40

品名/規格		單位：新臺幣元
		1 公克
黃金存摺	本行賣出	1,217
	本行買進	1,202

3 按住 C8 儲存格右下角的 **填滿控點** 往下拖曳，至 C31 儲存格再放開滑鼠左鍵，完成 **牌價** 的公式建立。

4 最後於 **日期**、**重量(g)**，輸入每個月固定購買的日期與重量，函數將傳回這 1 年內正確的歷史牌價 (若為 1 年前的項目請手動輸入)。

取得即時牌價

在 **黃金即時牌價** 工作表取得即時資料。

1 切換至 **黃金即時牌價** 工作表。

2 可以看到黃金存摺 **本行賣出** 的即期牌價為 C21 儲存格，**本行買進** 的即期牌價為 C22 儲存格。(此銀行於 "營業時間" 與 "盤後交易" 時段取得的 **本行賣出**、**本行買進** 黃金牌價資料所在 "列位" 會有些不同，請依實際匯入的資料儲存格位址為準。)

3 切換至 **資產表** 工作表，選取 B4 儲存格，輸入：**=黃金即時牌價!C21**。

4 選取 D4 儲存格，輸入：**=黃金即時牌價!C22**。

Tips

重新整理即時資料

選按 **資料** 索引標籤 \ **全部重新整理**，可以將匯入的資料全部更新。在重新整理後，欄寬會回復成一開始匯入時的狀態，但資料內容仍維持在原儲存格位置，如果想縮小欄寬，可參考 P7-28 的操作。

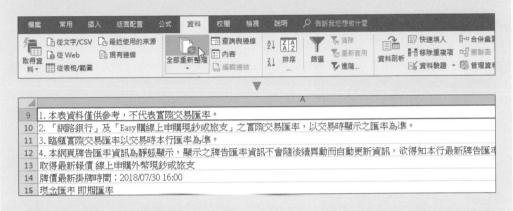

	A
9	1. 本表資料僅供參考，不代表實際交易匯率。
10	2. 「網路銀行」及「Easy購線上申購現鈔或旅支」之實際交易匯率，以交易時顯示之匯率為準。
11	3. 臨櫃實際交易匯率以交易時本行匯率為準。
12	4. 本網頁牌告匯率資訊為靜態顯示，顯示之牌告匯率資訊不會隨後續異動而自動更新資訊，欲得知本行最新牌告匯
13	取得最新報價 線上申購外幣現鈔或旅支
14	牌價最新掛牌時間：2018/07/30 16:00
15	現金匯率 即期匯率

由於此即時資料是與網頁同步，如果該網頁有改版異動，可能會影響資料的儲存格位置，而使得公式無法取得原先的值，因此重新整理後最好再檢查一遍。

取得即時參考時間

在 **參考時間**，用 **NOW** 函數取得即時日期與時間，以對應下方即時 **買進** 與 **賣出** 價格所屬日期與時間點。

	A	B	C	D	E	F	G	H	I	J	K
1		**個人資產盤點**									
2		黃金存摺									
3	台灣銀行	參考時間：	=NOW() —①								
4	買進	1217	賣出	1202							
5	重量		台幣總值								
6	現值										
7	日期	重量（g）	牌價	金額 (NT)							
8	2018/5/10	5	1267								
9	2018/6/11	5	1249								
10	2018/7/10	5	1235								
11	2018/8/10	5	1199								
12	2018/9/10	5	1189								

① 選取 C3 儲存格，輸入公式：**=NOW()**。

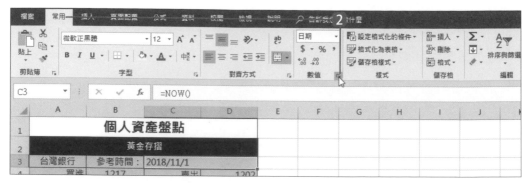

2 如果取得的時間格式不是想要的樣式，繼續選取 C3 儲存格，選按 **常用** 索引標籤 \
數值 📭 開啟對話方塊。

3 選按 **數值** 標籤 \ **類別：日期**。

4 於 **類型** 清單中選擇合適的樣式。

5 按 **確定**，完成黃金存摺 **參考時間** 的格式設定。

NOW 函數

說明：顯示目前的日期與時間 (即目前電腦中的系統日期與時間)。

格式：**NOW()**

計算購買時的金額

計算過去購入的 **金額**，用 **IF** 函數判斷 **日期** 是否有資料，若有資料則計算金額 (NT) 的值。

- 金額 (NT) = 重量(g) × 牌價。

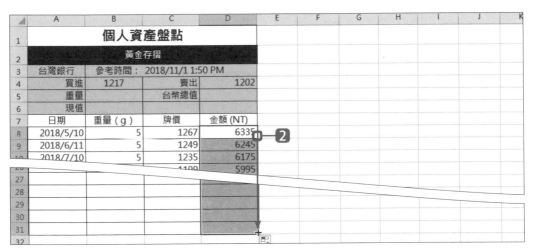

1 選取 D8 儲存格，使用 **IF** 函數判斷 A8 儲存格有無資料，決定顯示空白還是執行計算，輸入公式：**=IF(A8="","",C8*B8)**。

2 按住 D8 儲存格右下角的 **填滿控點** 往下拖曳，至 D31 儲存格再放開滑鼠左鍵，完成 **金額 (NT)** 公式複製。

計算購買成本與現值

完成黃金存摺各個月的購入金額計算後，接著計算總共投資了多少 **台幣總值**，以及持有多少黃金 **重量** 與目前 **現值** 是多少？

■ 現值 = 重量 × 黃金即時賣出價格

	A	B	C	D	E	F	G	H	I	J	K
1		個人資產盤點									
2		黃金存摺									
3	台灣銀行	參考時間：	2018/11/1 1:57 PM								
4	買進	1217	賣出	1202							
5	重量	=SUM(B8:B31)	—1								
6	現值										
7	日期	重量（g）	牌價	金額 (NT)							
8	2018/5/10	5	1267	6335							
9	2018/6/11	5	1249	6245							
10	2018/7/10	5	1235	6175							
11	2018/8/10	5	1199	5995							
12	2018/9/10	5	1189	5945							

1 選取 B5 儲存格，用 **SUM** 函數計算目前總共持有的黃金重量，輸入公式：
=SUM(B8:B31)。

	A	B	C	D	E	F	G	H	I	J	K
1		個人資產盤點									
2		黃金存摺									
3	台灣銀行	參考時間：	2018/11/1 2:13 PM								
4	買進	1217	賣出	1202							
5	重量	30	台幣總值	=SUM(D8:D31)	—2						
6	現值										
7	日期	重量（g）	牌價	金額 (NT)							
8	2018/5/10	5	1267	6335							
9	2018/6/11	5	1249	6245							
10	2018/7/10	5	1235	6175							
11	2018/8/10	5	1199	5995							

2 選取 D5 儲存格，用 **SUM** 函數計算目前在黃金存摺投資中，總共花費了多少新台幣金額，輸入公式：**=SUM(D8:D31)**。

SUM 函數

說明：求得指定數值、儲存格或儲存格範圍內所有數值的總和。

格式：**SUM(數值 1,數值 2,...)**

引數：**數值** 可為數值或儲存格範圍，1 到 255 個要加總的值。若為加總連續儲存格則可用冒號 ":" 指定起始與結束儲存格，但若要加總不相鄰儲存格內的數值，則用逗號 "," 區隔。

▲	A	B	C	D	E	F	G	H	I	J	K
1		個人資產盤點									
2		黃金存摺									
3	台灣銀行	參考時間：	2018/11/1 2:27 PM								
4	買進	1217	賣出	1202							
5	重量	30	台幣總值	36650							
6	現值	=B5*D4									
7	日期	重量（g）	牌價	金額 (NT)							
8	2018/5/10	5	1267	6335							
9	2018/6/11	5	1249	6245							
10	2018/7/10	5	1235	6175							
11	2018/8/10	5	1199	5995							
12	2018/9/10	5	1189	5945							
13	2018/10/9	5	1191	5955							
14											

3 選取 B6 儲存格，利用已知的黃金存摺即時 **賣出** 價格，計算目前持有的黃金重量 **現值** 為多少新台幣，輸入公式：**=B5*D4**。

設定貨幣樣式

目前完成的個人資產盤點中，因為含有新台幣與重量的數值，建議加上新台幣符號的標示，方便一眼就能看出幣值。

1 選取 B6 儲存格，選按 **常用** 索引標籤 \ **數值** 🔲 開啟對話方塊。

2 選按 **數值** 標籤 \ 類別:**貨幣**。

3 設定 **符號:NT$**。

4 設定 **小數位數**:0。

5 選按 **確定**。

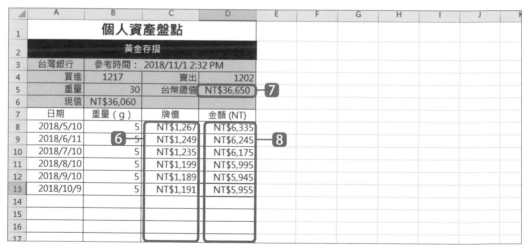

6 依相同操作方式,設定 C8:C31 儲存格數值樣式為 **NT$** (新台幣) 符號。

7 依相同操作方式,設定 D5 儲存格的數值樣式為 **NT$** (新台幣) 符號。

8 最後設定 D8:D31 儲存格數值樣式為 **NT$** (新台幣) 符號。

將即時取得牌價資料轉為數值

目前大部分銀行可供查詢的黃金存摺歷史牌價約 1 年，當新的歷史牌價出現，舊的歷史牌價就會一筆一筆消失 (例如像是本範例尚可查詢 2018/5/2 的資料，但時間往後推至 2018/11/1 後，5/2 的歷史牌價就會變成無法查詢的狀態。)，在此建議當你完成所有資料建置後，立即將 **牌價** 內的資料由公式變更為 "值"，就不會發生即時資料更新而查詢不到的問題。

1️⃣ 選取 C8:C12 儲存格。(建議可留下最新一筆的牌價，待有新的交易時，即可套用該函數公式。)

2️⃣ 選按 **常用** 索引標籤 \ 🖳。

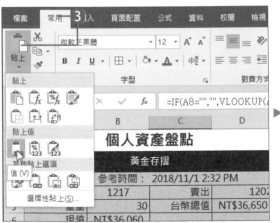

3️⃣ C8 儲存格繼續選取中，選按 **常用** 索引標籤 \ **貼上** 清單鈕，清單中選按 🖳，完成後即可將原本複製的公式只貼上結果值。

對於小資族來說，若想投資黃金但認為實體黃金門檻太高，可以考慮銀行提供的黃金存摺。黃金存摺的優點是投資門檻低、交易方便及免保管實物...等，也算是一種實質物品的投資，可以把它當成一種基本資產配置，而不是短期獲利的項目。

個人資產盤點					
黃金存摺					
台灣銀行	參考時間： 2018/11/1 3:27 PM				
買進	1217	賣出	1202		
重量	30	台幣總值	NT$36,650		
現值	NT$36,060				
日期	重量（g）	牌價	金額 (NT)		
2018/5/10	5	NT$1,267	NT$6,335		
2018/6/11	5	NT$1,249	NT$6,245		
2018/7/10	5	NT$1,235	NT$6,175		
2018/8/10	5	NT$1,199	NT$5,995		
2018/9/10	5	NT$1,189	NT$5,945		
2018/10/9	5	NT$1,191	NT$5,955		

Part

8

化繁複數據為圖表
理財成果視覺化，完整了解財務狀況

大量的資料數據總是讓人難以消化，透過 Excel 多款不同類
型的圖表，輕鬆瞭解數據背後的資訊，快速掌握理財的內容
與決策方向。

製作圖表是為了將繁雜的數字轉換為容易理解的圖像呈現，先確認需求再決定篩選出有效資料及製作方向。

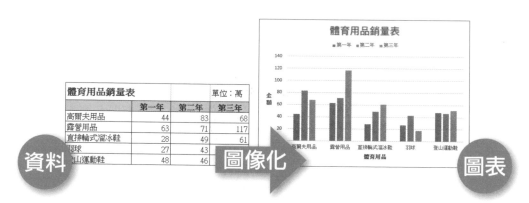

以下為將資料化為圖表的四個好處：

1. 比文字更輕鬆易懂的圖像資訊

大量繁複的資料，除了無法在短時間內吸收，也難以在瀏覽的過程中呈現要表達的訊息。透過圖像即可將冗長的數據與文字，化繁為簡，直覺表現瀏覽者容易理解的資訊。

2. 突顯資料重點

圖表中透過細部的格式調整，就可以在大量的數據資料中，確實突顯想要傳達給瀏覽者的重要資訊。

3. 建立與瀏覽者之間的良好溝通

圖表資訊較文字或數字來得更有親和力，不但可立即吸引瀏覽者目光，更可以有效快速的說明資料重點。

4. 豐富與專業化的展現

視覺化圖表可讓資料清晰易懂；也可以展現專業度，提供有效的決策所需資訊。

8.2 突顯圖表中的重點資料

製作圖表應先了解需呈現的重點及目標觀眾關切的主題，兼具美感與實務的設計才能吸引觀眾的注意力。

以 "支出總額" 為例：利用 **橫條圖** 呈現各個項目在第一季的支出總額，並運用 **資料標籤** 標示了金額，然而其中還還隱含了 "房租項目的金額支出最多" 資訊。

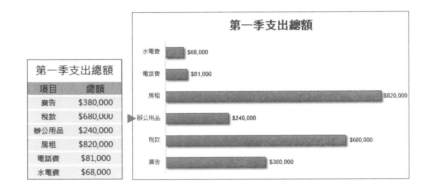

為了突顯 "房租項目的金額支出最多" 資訊，除了可以針對資料來源排序，讓支出金額最多的項目從上而下排列。

還可以用不同的顏色強調重點，讓瀏覽者看到圖表，就能直覺看出：這一季的 "房租" 支出最多！

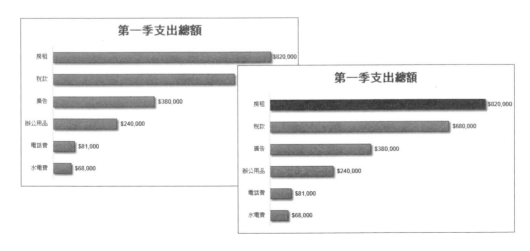

範例分析

此份家計簿收支表數值運算的部分已於 Part 1 中完成，如果能透過統計圖表顯示，可以更清楚看出每月與每日的各項收支狀況與占比。在此運用最能表現整體比例多寡的**圓形圖** 分析各項收支占比，整個圓為 100%，各項目的值會被換算為百分比。

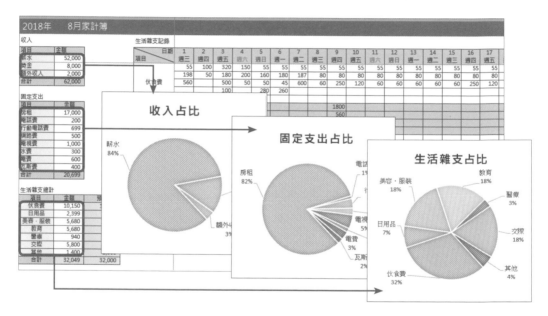

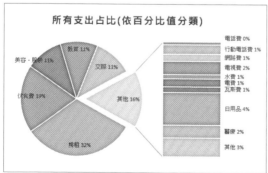

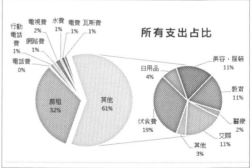

◉ 認識圖表

圓形圖

圓形圖可強調總體與個體之間的關係，表現出各項目佔總體的百分比數值。

使用時機：

- 僅能針對一個資料數列建立 (環圈圖可以包含多個數列)。
- 資料數列均為正數不可以為 0 與負數。

子類型圖表：

圓形圖區分出的子類型有五種：

🕐 圓形圖、 🔵 子母圓形圖、 🔳 圓形圖帶有子橫條圖、 ⬭ 立體圓形圖、
🔘 環圈圖

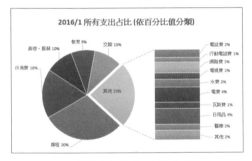

▲ 圓形圖帶有子橫條圖

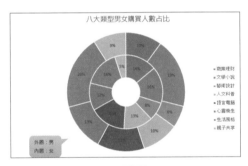

▲ 環圈圖

繪製注意事項：

- 一般瀏覽的習慣會從 12 點鐘位置開始，以順時針方向開始檢視，所以重要的資料可以放在約 12 點鐘位置較為顯眼。
- 資料項目不要太多，約 8 個，超出部分可以用 "其他" 表示 (如上左圖)。
- 避免使用圖例，直接將資料標籤顯示於扇形內或旁邊。
- 不要將圓形圖中的扇形全部分離，以強調方式僅分離其中一塊。
- 當扇形填滿色彩時，可以套用白色框線以呈現出切割效果。

以 "圓形圖" 分析各項收支占比

於範例原始檔中，此份家計簿左側分別有："收入"、"固定支出"、"生活雜支總計" 三項主要收支類別，以整個圓形依占比切割的方式可清晰顯示各個項目在整體中的占比。

建立 "收入" 的圓形圖

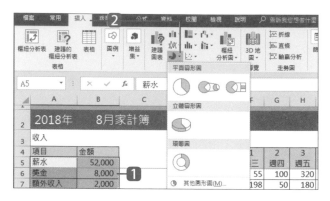

1. 選取 A5:B7 儲存格範圍。

2. 選按 **插入** 索引標籤 \ 🥧 \ 🥧，插入圓形圖。

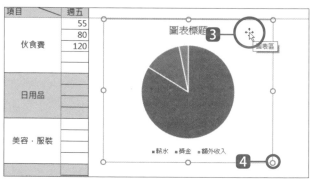

3. 剛建立好的圖表會重疊在資料內容上方，將滑鼠指標移至圖表上方呈 ↖ 狀時拖曳，將圖表移至工作表右側合適的位置擺放。

4. 拖曳圖表物件四個角落控點調整圖表大小。

套用合適的圖表樣式與版面配置

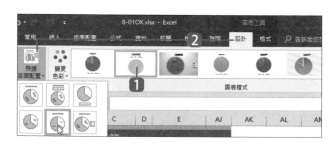

1. 選按 **圖表工具 \ 設計** 索引標籤 \ **圖表樣式** 區中合適的圖表樣式套用。

2. 選按 🖼，清單中選按合適的版面配置套用。

圖表標題文字設計

圖表上方會顯示預設的 "圖表標題" 文字，這時候可以依照圖表資訊，調整文字的內容與樣式。

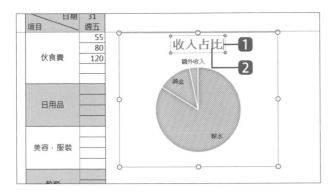

1 於圖表標題文字上連按二下滑鼠左鍵。

2 輸入合適的圖表標題文字：「收入占比」。

3 於圖表標題邊框按一下滑鼠左鍵，呈現物件選取狀態。

4 選按 **常用** 索引標籤，於 **字型** 區域為圖表標題設定合適的字型、大小、顏色...等格式。

調整扇區起始角度與分裂

圓形圖將各項目依占比以扇區呈現在一個完整的圓形中，每個扇區則可以設定間隙與角度。

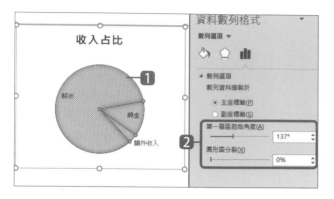

1. 任一扇區上連按二下滑鼠左鍵開啟 **資料數列格式** 窗格。

2. ⏹ \ **數列選項** 項目中，調整 **第一扇區起始角度** 的值可以旋轉圓形圖角度，**圓形圖分裂** 的值則可以將扇區分裂。

調整資料標籤的標註方式

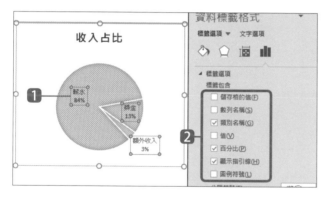

1. 選按任一資料標籤，開啟 **資料標籤格式** 窗格。

2. ⏹ \ **標籤選項** 項目中，核選 **類別名稱**、**百分比**、**顯示指引線**。

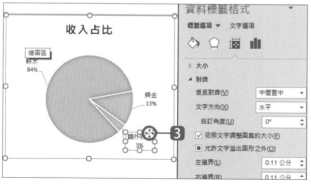

3. 一一選按圖表上的資料標籤，拖曳到圓形圖外合適的位置擺放 (會自動出現指引線條)。

將製作好的圖表存成範本

前面已完成 "收入" 的圓形圖製作，接著將該圖表儲存為範本，製作 "固定支出" 與 "生活雜支總計" 時就可直接開啟範本套用快速完成圓形圖。

1️⃣ 圖表上空白區按一下滑鼠右鍵，選按 **另存為範本**。

2️⃣ 於預設的指定路徑下，輸入範本名稱後選按 **儲存**。

套用範本

套用範本快速完成 "固定支出" 與 "生活雜支總計" 支出項目的圓形圖圖表。

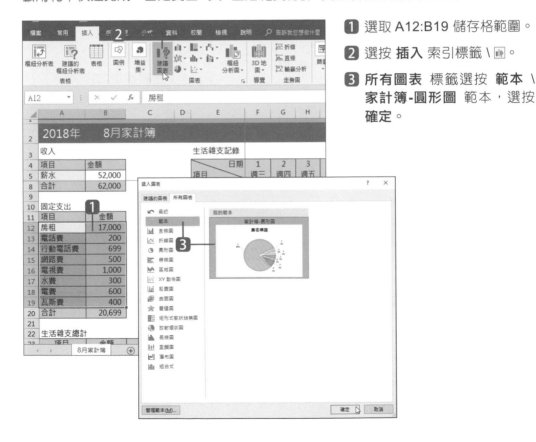

1️⃣ 選取 A12:B19 儲存格範圍。

2️⃣ 選按 **插入** 索引標籤 \ 🔘。

3️⃣ **所有圖表** 標籤選按 **範本** \ **家計簿-圓形圖** 範本，選按 **確定**。

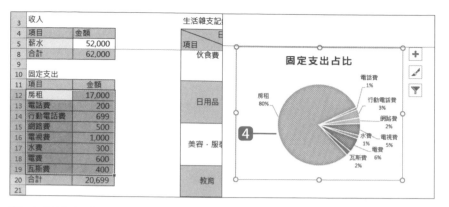

4 套用範本建立的圓形圖已完成了八成，接著，只要微調此圓形圖的大小、位置、圖表標題、數列角度與資料標籤即可完成 "固定支出占比" 圓形圖圖表。

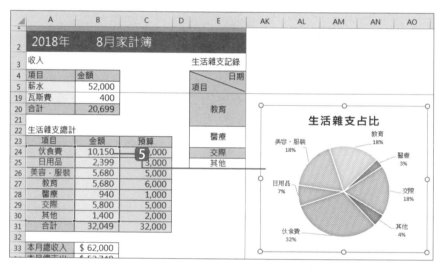

5 最後，選取 A24:B30 儲存格範圍，同樣的套用範本後再微調一下相關元素即可完成 "生活雜支占比" 圓形圖圖表。

以 "子母圓形圖" 依類別分析支出占比

當圓形圖中扇區占比較小時，要辨別各個扇區就會顯得很困難，**子母圓形圖** 圖表常用於突顯較小的扇區。此份家計簿收支表中將整合 "固定支出" 與 "生活雜支總計" 二個支出項目資料，透過 **子母圓形圖** 圖表比較所有支出項目的占比。

建立 "子母圓形圖"

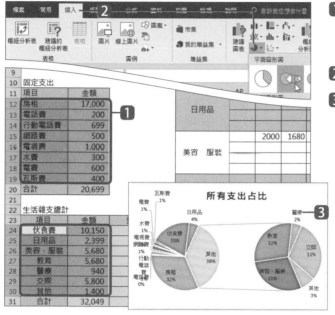

1. 選取 A12:B19 儲存格範圍，按 `Ctrl` 鍵不放再選取 A24:B30 儲存格範圍。

2. 選按 **插入** 索引標籤 \ 🔽 \ 🔲。

3. 同樣的，微調此子母圓形圖的大小、位置、圖表標題、資料標籤、數列角度。

調整要於 "子圓形圖" 中呈現的項目

子母圓形圖 會從主圓形圖分離出指定的扇區，再以次要圓形圖顯示分離的扇區，而在主圓形圖上就以 "其他" 這個項目名統稱分離的扇區，此處要將 "生活雜支總計" 內的七筆項目整理至子圓形圖。

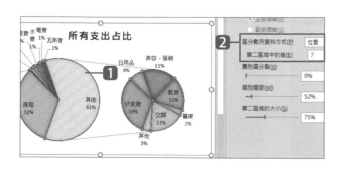

1. 任一扇區上連按二下滑鼠左鍵開啟 **資料數列格式** 窗格。

2. 🔲 \ **數列選項** 項目中，設定 **區分數列資料方式：位置**，第二區域中的值：「7」。

調整單一扇區分裂與資料標籤的標註方式

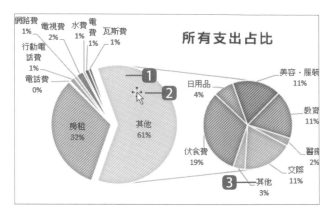

1. 先於左側任一扇區按一下滑鼠左鍵選取整個母圓形圖,再於 "其他" 扇區上按一下滑鼠左鍵,單獨選取此扇區。

2. 按住 "其他" 扇區不放往外拖曳即可分裂出此扇區。

3. 最後再微調各資料標籤的位置並加上百分比標註。

以 "圓形圖帶有子橫條圖" 依百分比值分析支出占比

為了讓圓形圖中較小的扇區也能清楚呈現,常使用 **子母圓形圖** 或 **圓形圖帶有子橫條圖** 的圖表類型呈現,**圓形圖帶有子橫條圖** 同樣的會從主圓形圖分離出較小的扇區,再以堆疊橫條圖顯示分離的扇區。

建立 "圓形圖帶有子橫條圖"

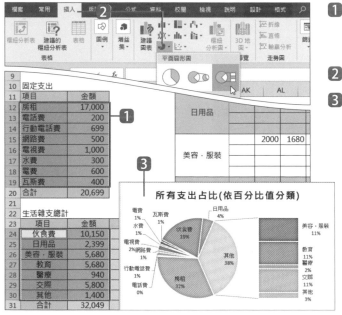

1. 選取 A12:B19 儲存格範圍,按 Ctrl 鍵不放再選取 A24:B30 儲存格範圍。

2. 選按 **插入** 索引標籤 \ ◔ \ ◫ 。

3. 同樣的,微調此子母圓形圖的大小、位置、圖表標題、資料標籤、數列角度。

調整要於 "圓形圖帶有子橫條圖" 中呈現的項目 (支出占比小於 5%)

圓形圖帶有子橫條圖 會從主圓形圖分離出指定的扇區，再以堆疊橫條圖顯示分離的扇區，而在主圓形圖上就以 "其他" 這個項目名統稱分離的扇區，此處要將支出占比小於 5% 的項目整理至堆疊橫條圖。

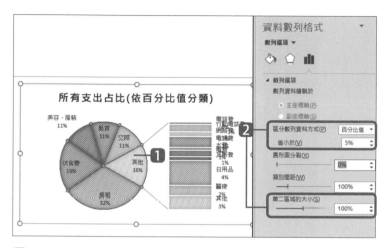

1 任一扇區上連按二下滑鼠左鍵開啟 **資料數列格式** 窗格。

2 ▥ \ **數列選項** 項目中，設定 **區分數列資料方式：百分比值**，**值小於**：「5%」，**第二區域的大小**：「100%」 (如果項目較多，建議將堆疊橫條圖比例調大)。

調整資料標籤的標註方式

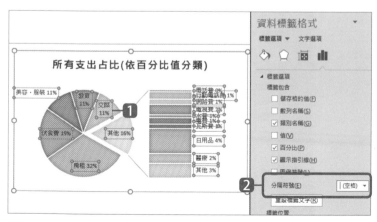

1 選取任一資料標籤，切換至 **資料標籤格式** 窗格。

2 ▥ \ **標籤選項** 項目中，設定 **分隔符號：空格**，讓堆疊橫條圖右側資料標籤的類別名與百分比顯示在同一列。

家庭裝潢預算表

直條圖　橫條圖

⊙ 範例分析

多組資料金額相互比較時，常會以 **直條圖** 或 **橫條圖** 呈現。此份家庭裝潢預算表數值運算的部分已於 Part 2 中完成，接著要透過各類別的預算金額製作直條圖、橫條圖，針對座標軸與圖例名稱的修改，調整圖表格式...等，最後再利用資料標籤顯示預算與實際花費金額之間的差額，強調超出預算的項目，快速分析實際支出是否超出預算。

項目	金額	占比
預算金額	1,000,000	
周轉金額	-	
總配置款項	1,000,000	100%
目前已花費金額	775,600	78%
剩餘資金	224,400	22%

設計師資訊	
承包商	幸福家園設計公司
連絡人姓名	林慶尤
網站	http://www.houseapp.com/
電話	037-4675312
地址	苗栗縣中正街 789 號

項目	類別	金額
五金工程I	統包工程	6250
五金工程II	統包工程	3250
木作/隔間工程	統包工程	135700
地板	材料	55000
地板膠	材料	5600
地面施工準備	勞務	3500
地面修整	材料	5000
地面修整	勞務	15000
地面填縫	材料	3500
地面填縫	勞務	2500
地面磨光	勞務	1500
地磚地板	材料	9800
安裝地板	勞務	4800
安裝新櫃櫃	勞務	3000
安裝櫥櫃配件	勞務	5000
系統櫃工程	統包工程	160000
拆除地板	勞務	
拆除清運工程	統包工程	
拆除舊櫥櫃	勞務	
泥作工程	統包工程	
玻璃工程	統包工程	
玻璃工程	統包工程	
浴室門工程	統包工程	
浴室門工程	統包工程	
清潔工程	統包工程	
清潔工程	統包工程	
移除地膠	勞務	
塗裝工程	統包工程	
新櫥櫃	材料	
衛浴設備工程	統包工程	
鋁窗/大門工程	統包工程	
櫥櫃配件	材料	
櫥櫃區域施工準備	勞務	
櫥櫃貼皮	材料	

類別
材料
統包工程
勞務

工程類別	小計	預算	差額
統包工程	610,300	550,000	-60,300
材料	109,500	80,000	-29,500
勞務	55,800	60,000	4,200

家庭裝潢各類別預算評估

● 認識圖表

直條圖

直條圖是最常使用的圖表類型，主要用於不同項目之間的比較，或是一段時間內的資料變化。

使用時機：

- 繪製一個或多個資料數列。

- 資料包含正數、零和負數。

- 針對許多類別的資料比較。

子類型圖表：

直條圖區分出的子類型有七種：

群組直條圖、 堆疊直條圖、 百分比堆疊直條圖、 立體群組直條圖、立體堆疊直條圖、 立體百分比堆疊直條圖、 立體直條圖。

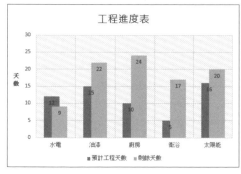

▲ 群組直條圖

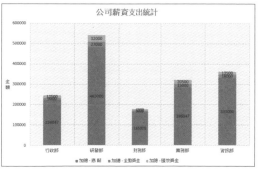

▲ 堆疊直條圖

繪製注意事項：

- 同一資料數列使用相同顏色。

- 水平座標軸的標籤文字不要傾斜顯示。

- 如果沒有格線時，可以透過顯示資料標籤讓瀏覽者很快辨識。

- 遇到負數資料時，水平座標軸的標籤文字應移到圖表區底部。

橫條圖

橫條圖可以當做是順時針旋轉 90 度的直條圖，適合用來強調一或多個資料數列中的分類項目與數值的比較狀況。

使用時機：

- 繪製一個或多個資料數列。
- 資料包含正數、零和負數。
- 有許多的項目要比較。
- 座標軸的文字標籤很長。

子類型圖表：

橫條圖區分出的子類型有六種：

群組橫條圖、 堆疊橫條圖、 百分比堆疊橫條圖、 立體群組橫條圖、 立體堆疊橫條圖、立體百分比堆疊橫條圖。

▲ 群組橫條圖　　　　　　　　　　　▲ 堆疊橫條圖

繪製注意事項：

- 同一資料數列使用相同顏色。
- 垂直座標軸的標籤文字不要傾斜顯示。
- 如果沒有格線時，可以透過顯示資料標籤讓瀏覽者很快辨視。
- 資料數列可以由 "大到小" 或 "小到大" 的從上而下排序，其中前者較常使用。

加總同類別的金額

於範例原始檔中，想要製作圖表分析各類別的花費是否在預算範圍內，**家庭裝潢預算表** 工作表中詳列了每一筆工作項目的類別與金額，**各類別預算評估** 工作表則要加總求出每一類別的實際花費小計。面對大筆資料，想要依照指定條件篩選出資料後再加總數值時，可以善用 **SUMIF** 函數。

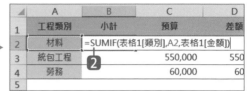

1 於 **各類別預算評估** 工作表選取 B2 儲存格。

2 以 **家庭裝潢預算表** 工作表 B9:B44 儲存格範圍，搜尋符合 **各類別預算評估** 工作表 A2 儲存格條件 (材料) 的項目，並計算 **家庭裝潢預算表** 工作表 C9:C44 儲存格範圍金額小計，輸入公式：**=SUMIF(表格1[類別],A2,表格1[金額])**。

> **家庭裝潢預算表** 工作表 B9:B44 與 C9:C44 儲存格範圍，因為已格式化為表格，所以會以表格名稱與欄名呈現。

▲	A	B	C	D
1	工程類別	小計	預算	差額
2	材料	109,500	80,000	-29,500
3	統包工程	610,300	550,000	-60,300
4	勞務	55,800	60,000	4,200
5				

3 按住 B2 儲存格右下角的 **填滿控點** 往下拖曳，至 B4 儲存格再放開滑鼠左鍵，可完成各工程類別小計金額計算。

4 **差額** 欄中的值也依儲存格中的公式 **預算 - 小計** 取得。

SUMIF 函數

說明：加總符合單一條件的儲存格數值

格式：**SUMIF(搜尋範圍,搜尋條件,加總範圍)**

引數：**搜尋範圍** 以搜尋條件評估的儲存格範圍。

搜尋條件 可以為數值、運算式、儲存格位址或字串。

加總範圍 指定加總的儲存格範圍，搜尋範圍中的儲存格與搜尋條件相符時，加總相對應的儲存格數值。

建立直條圖

首先建立 **群組直條圖**，呈現各項工程類別於小計支出、預算金額上的比較。

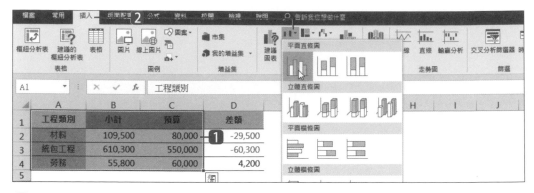

1 選取製作圖表的資料來源 A1:C4 儲存格範圍。

2 選按 **插入** 索引標籤 \ 📊 \ 📊。

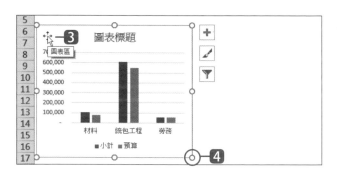

3 剛建立好的圖表會重疊在資料內容上方，將滑鼠指標移至圖表上方呈 ✢ 狀時拖曳，將圖表移至工作表中合適的位置擺放。

4 拖曳圖表物件四個角落控點調整圖表大小。

調整直條圖格式

此直條圖表中，希望刪除標題文字並調整代表 **小計** 與 **預算** 的數列格式，讓代表各工程類別的柱狀列能更清楚看出是否超出或未達預算金額。

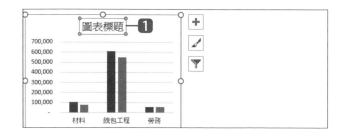

1 選取圖表標題物件，按 Del 鍵刪除該物件。

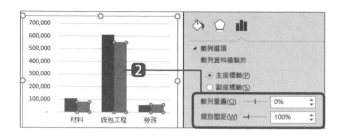

2 任一柱狀列上連按二下滑鼠左鍵，於 **資料數列格式** 窗格，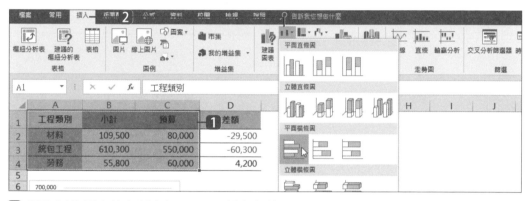\ **數列選項** 項目中設定 **數列重疊：0%**、類別間距：**100%**。

建立橫條圖

同樣是各項工程類別於小計支出、預算金額上的比較，但以 **群組橫條圖** 呈現視覺效果更加豐富的圖表格式，透過色彩與資料標籤讓超出預算的支出項目更加顯眼，並標註上超出預算的差額。

1 選取製作圖表的資料來源 A1:C4 儲存格範圍。

2 選按 **插入** 索引標籤 \ \ 。

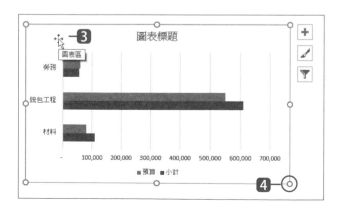

3 剛建立好的圖表會重疊在資料內容上方，將滑鼠指標移至圖表上方呈 狀時拖曳，將圖表移至工作表中合適的位置擺放。

4 拖曳圖表物件四個角落控點調整圖表大小。

調整橫條圖格式

此橫條圖表中，將 **小計** 與 **預算** 數列相互重疊，並透過座標軸、資料數列填滿與框線...等格式的調整，可清楚呈現每個項目的預算及實際支出金額比較。

將 "小計" 資料數列設定為副座標軸

將 **小計** 資料數列設定為副座標軸，原本分開呈現的橫條資料數列會重疊在一起。

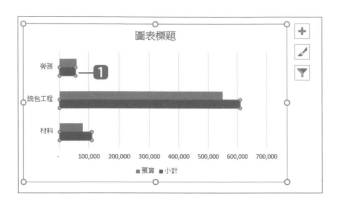

1️⃣ 於藍色 **小計** 數列上連按二下滑鼠左鍵，開啟 **資料數列格式** 窗格。

2️⃣ 📊 \ **數列選項** 項目中核選 **副座標軸**。

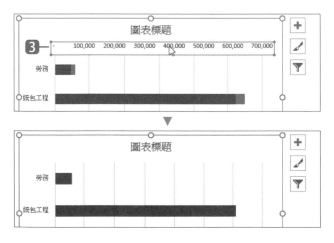

3️⃣ 為了讓畫面看來更簡潔，選取圖表上方的水平副座標軸，按 Del 鍵刪除。

調整資料數列格式

調整橫條圖的顏色配置與線條格式，以區隔出這二組數據。

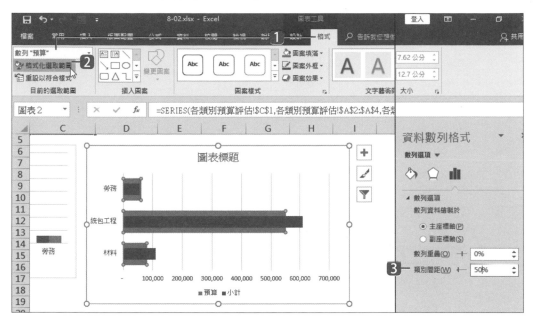

1️⃣ 選按 **圖表工具 \ 格式** 索引標籤 \ **數列 "預算"**。

2️⃣ 再選按 **格式化選取範圍** 開啟 **資料數列格式** 窗格。

3️⃣ 📊 \ **數列選項** 項目中設定 **類別間距：50%**。

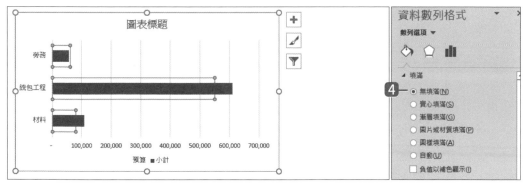

4️⃣ 🎨 \ **填滿** 項目中核選 **無填滿**。

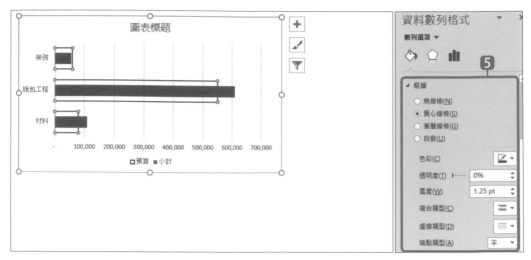

5 **框線** 項目中核選 **實心線條**，設定 **色彩** 與 **寬度**。

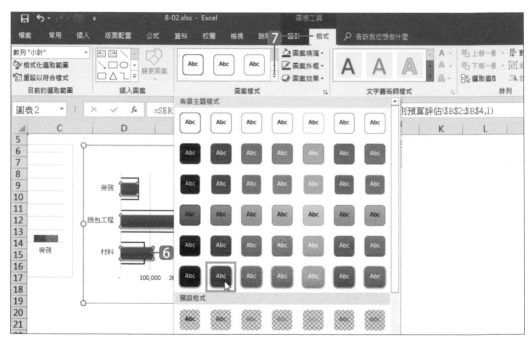

6 選取藍色 **小計** 數列。

7 選按 **圖表工具 \ 格式** 索引標籤 \ **圖案樣式** ⋅，清單中選按合適的樣式套用。

利用資料標籤顯示支出差額

在數列最右側，利用資料標籤顯示 **預算** 與 **小計** 之間的差額。

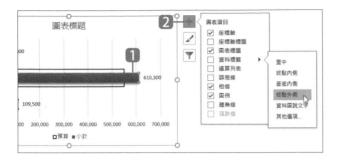

1 選取藍色 **小計** 數列。

2 選按 ⊞ \ **資料標籤** 右側 ▶
清單鈕 \ **終點外側**。(再選按
⊞ 可隱藏設定清單)

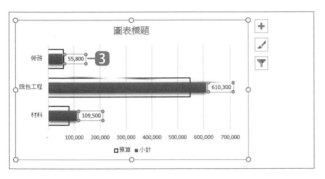

3 目前產生的資料標籤值為 **小
計** 的數據，先選取任一個資
料標籤。

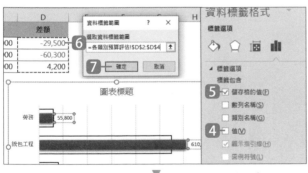

4 於 **資料標籤格式** 窗格 📊 \ **標
籤選項** 項目中取消核選 **值**。

5 核選 **儲存格的值**，開啟**資料
標籤範圍** 對話方塊。

6 於工作表拖曳選取資料來源
D2:D4 儲存格範圍。

7 回到對話方塊中選按 **確定**，
這樣即將原本顯示 **小計** 的資
料標籤，改為顯示 **差額** 的資
料標籤。

橫條柱列的上下排序

支出預算中 **差額** 是 **預算** 減去 **小計** 的值，若值為負數則表示該項目已超支，若為正數則代表未超出預算。此橫條圖資料數列要依來源資料差額值排序，資料數列顯示順序為超支最少在上、超支最多在下。

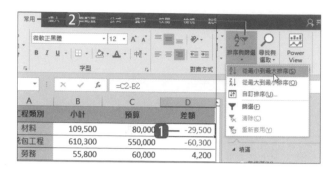

1 選取 D2 儲存格。

2 選按 **常用** 索引標籤 \ 🔽 \ 🔼 (數值會由最小到大排序)。

來源資料已依 **差額** 值從最小排列到最大。而圖表中的橫條資料數列則是從 **差額** 值最大值 (超支最少)，由上往下逐一排列。(圖表數列排序方式與資料內容排序相反)

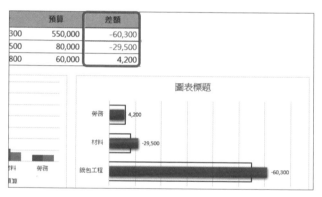

以顯眼色彩呈現超出預算的項目

調整圖表標題，並將超過預算 (**差額** 為負數) 的數列以紅色標示，看出這次的裝潢費用 **勞務** 支出控制在預算之內，但需關心 **材料**、**統包工程** 超支原因為何。

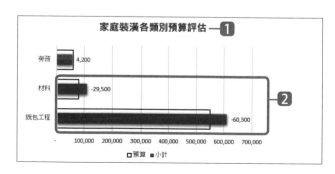

1 圖表標題輸入「家庭裝潢各類別預算評估」，並調整格式。

2 分別選取目前已超出預算的 **材類**、**統包工程** 數列，調整為紅色。

A.2 財務、理財相關 Excel 範本

Excel 內建範本數量非常多，以下整理出幾個常用的理財範本。

個人理財相關範本

除了 "簡易月預算表" 外，你可以使用 預算、貸款、計算機、財務管理...等關鍵字，搜尋出已設計好的表單，以下列舉一些常用的項目：

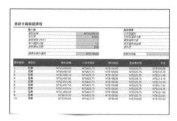

貸款分期償還排程

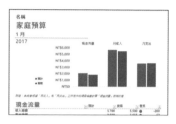

家計

個人淨值計算工具

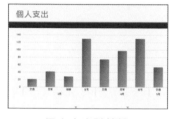

個人支出計算機

省錢估算程式

家庭預算

公司財務管理相關範本

公司財務管理常用的關鍵字有 預算、損益、發票、商務、企業、資產、財務管理...等，以下列舉一些常用的項目：

支出報表

損益表

資產負債表

開啟 "簡易月預算表" 表單後，可以修改成適合個人的月預算表。

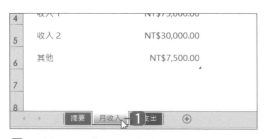

1 切換至 **月收入** 工作表。

2 先刪除原本的收入項目，再輸入個人月收入的 **項目** 與 **金額**。

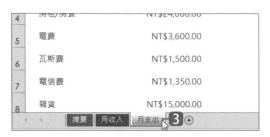

3 切換至 **月支出** 工作表。

4 刪除原本的支出項目，再輸入個人月支出的 **項目** 與 **金額**。

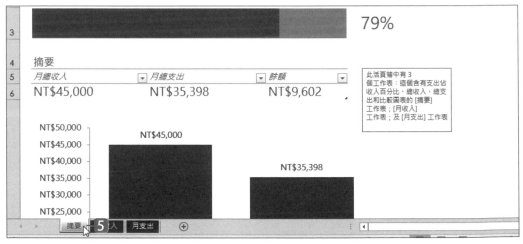

5 切換至 **摘要** 工作表，畫面中即可看到 **月總收入**、**月總支出** 與 **餘額** 的金額，下方並有圖表表示目前收支平衡的狀況，讓你輕鬆掌握每個月預算的金額。

實作 "簡易月預算表" 範本

以下將透過 **類別** 方式找到合適的範本主題，可下載範本再依需求調整為自己的文件。

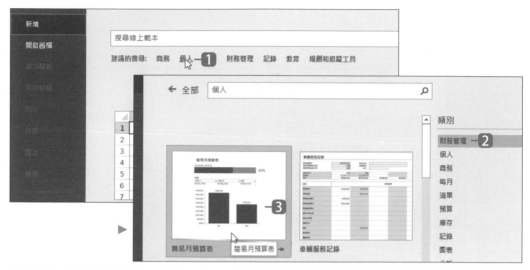

1. 選按 **檔案** 索引標籤 \ **新增**，在上方類別中選按 **個人**。

2. 於右側 **類別** 清單選按 **財務管理**。

3. 再由範本清單中選按 **簡易月預算表**。

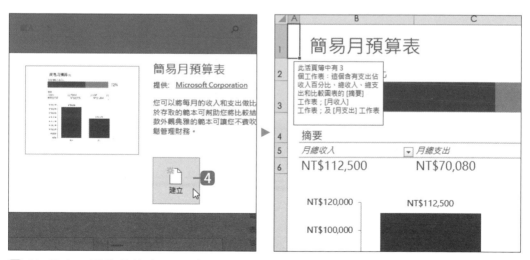

4. 按 **建立**，開啟的範本已設計了基本的格式及資料結構，可以此範本為基礎，修改樣式！

以關鍵字搜尋

若覺得分類太多不易查找，也可以透過關鍵字搜尋線上範本，直接下載範本使用即可。

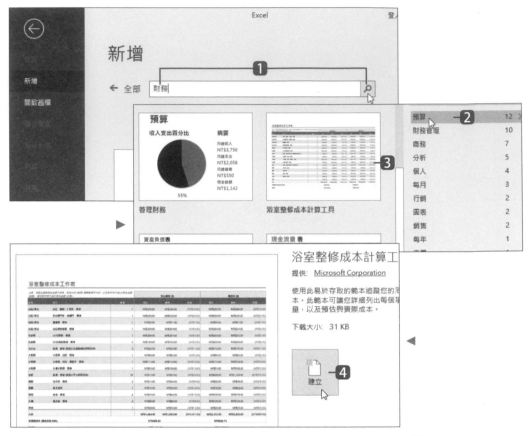

1️⃣ 選按 **檔案** 索引標籤 \ **新增**，在搜尋欄位輸入關鍵字後，按右側 🔍。

2️⃣ 於右側 **類別** 清單選按合適的項目。

3️⃣ 再由範本清單當中選按合適的範本。

4️⃣ 按 **建立**。

在 Excel 中會出現下載的活頁簿範本，若想要保留已修改或未修改的範本活頁簿，請記得另存新檔！

建立及使用 Excel 範本

A.1

Excel 提供了許多範本，利用這些範本可以讓你投資理財快速上手。

以特定類別搜尋

在 Excel **新增** 畫面中提供了幾款較常用的範本供您選擇使用，若沒有找到合適的範本，可以選按上方的類別項目：**商務、個人、清單、財務管理、記錄檔、教育、規劃與和追蹤工具**...等，從中挑選適合的類別範本：

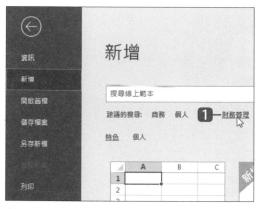

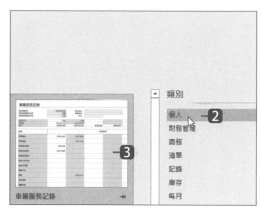

1. 選按 **檔案** 索引標籤 \ **新增**，在 **建議的搜尋** 類別中選按合適項目。

2. 於右側 **類別** 清單選按合適的項目。

3. 再由範本清單中選按其中一項 (車輛服務記錄)。

4. 按 **建立**，開啟的範本已設計了基礎格式及資料結構，只要稍做修改，便可以輕鬆完成。若想要保留已修改或未修改的範本活頁簿，請記得另存新檔！

附錄
A

聰明應用理財範本

每每看到那些 Excel 高手製作出來的各式理財預算表、計劃表、行事曆、圖表...等，除了公式函數運用外，五花八門的表格欄位、色彩設計更是另人驚嘆！其實 Excel 軟體本身就提供許多免費又專業的理財範本，使用範本直接套用，可以省下資料樣式與函數公式的設計，內建的函數公式也可以依據需求做變更或刪除，快速建立專業理財表單。

附錄

B

公式與函數的基本操作

函數也是公式的一種，雖然 Excel 有四百多個函數，但只要
了解其原理，就能舉一反三應用在日常生活各式計算中。

B.1 輸入公式、函數

公式、函數可直接輸入，由於輸入函數時需依循既定的格式，初學者可運用 f_x **插入函數** 對話方塊及 Σ **自動試算** 二種方法快速完成函數輸入。

直接輸入

直接於儲存格或資料編輯列中輸入公式或函數，公式中的中英文字、數值、符號皆需為半形，而函數名稱則沒有大小寫之分。

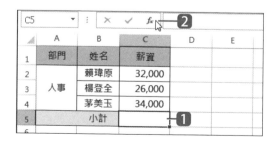

1 選取欲輸入函數的儲存格，輸入「=」，再輸入函數名稱「SUM」。(也可於建議清單中合適的函數上按二下滑鼠左鍵選用)。

2 輸入「(」，會出現該函數的引數提示，參考提示輸入引數「C2:C4」，最後輸入「)」，再按 Enter 鍵完成函數公式。

以 f_x 輸入

如果對函數還不熟，也可以使用 f_x **插入函數** 對話方塊搜尋以及插入函數，於插入函數視窗中依提示輸入相關資料即可。

1 選取欲輸入函數的儲存格。

2 選按 f_x 開啟 **插入函數** 對話方塊。

3 於 **搜尋函數** 輸入函數「SUM」。

4 選按 **開始** 搜尋函數。

5 於 **選取函數** 欄位確認是否為該函數，再選按 **確定**。

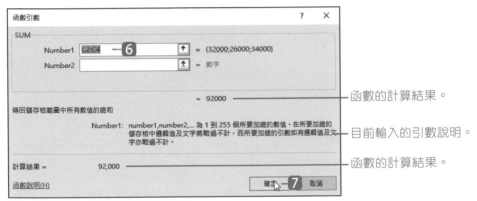

函數的計算結果。

目前輸入的引數說明。

函數的計算結果。

6 於引數欄位 **Number1** 輸入第一組要加總的儲存格範圍「C2:C4」。

7 選按 **確定** 完成函數引數的設定。

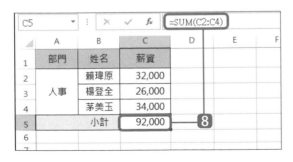

8 函數公式顯示在上方的資料編輯列，而試算結果則會出現在儲存格中。

自動試算

選按 ∑ 清單鈕可以快速選擇需要的試算方式，包括：**加總 (SUM)、平均值 (AVERAGE)、計數 (COUNT)、最大值 (MAX)、最小值 (MIN)**，接著會自動偵測試算範圍，並求得結果值。如果要插入其他函數，可選按清單中的 **其他函數** 就可以開啟 **插入函數** 對話方塊。

1️⃣ 選取欲輸入函數的儲存格。

2️⃣ 選按 **常用** 索引標籤 \ ∑ 清單鈕 \ **加總**，會在儲存格中加入 SUM 函數，並自動偵測需要加總的儲存格範圍，再執行函數試算。

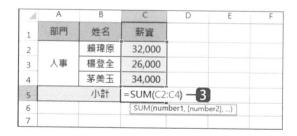

3️⃣ 若自動偵測的範圍有誤，可於函數的 "()" 括號中輸入正確的儲存格範圍，最後按 Enter 鍵完成函數計算。

Tips

利用 "公式" 索引標籤插入函數

除了以上提到的三個方法以外，也可以利用 **公式** 索引標籤內不同函數種類的清單鈕插入函數。

輸入函數難免會有錯誤或是需要修正的部分，可以直接在儲存格或資料編輯列中修改，或是透過拖曳的方式修正函數公式。

於資料編輯列中修改

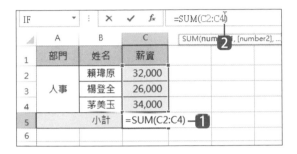

1 先選按要修改函數公式的儲存格。

2 於資料編輯列內按一下滑鼠左鍵，出現輸入線時即可修改公式，修改後按 Enter 鍵完成。

於儲存格中修改

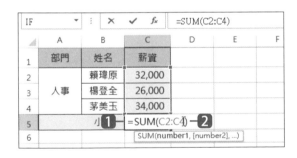

1 在要修改函數公式的儲存格上按二下滑鼠左鍵。

2 儲存格出現輸入線時即可修改公式，修改後按 Enter 鍵完成。

以拖曳的方法修改引數中儲存格的範圍

1 在要修改函數公式的儲存格上按二下滑鼠左鍵，拖曳選取要修改的引數。

2 於正確的儲存格位址按滑鼠左鍵不放拖曳選取，新的儲存格範圍會取代剛才選取的引數，修改後按 Enter 鍵。

複製公式時，公式中的儲存格位址會自動依複製目的地儲存格位址調整，如果需要固定參照儲存格位址時，可透過 **絕對參照** 與 **混合參照** 這二種儲存格參照方式調整。

相對參照

相對參照的情況下，參照會隨著相對的儲存格而自動改變，讓公式在複製時不需要一一變更參照位址。

=SUM(B2:B4)   =SUM(C2:C4)   =SUM(D2:D4)

1 選按 B5 儲存格，儲存格中的公式為：「=SUM(B2:B4)」

2 於 B5 儲存格按住右下角的 **填滿控點** 往右拖曳，至 D5 儲存格再放開滑鼠左鍵。(往左右拖曳複製，相對參照會變動的是欄名；往上下方拖曳複製，相對參照會變動的是列號。)

絕對參照

當公式複製到其他儲存格時，如希望參照的儲存格位址是固定的，就要用絕對參照，只要在欄名或列號前加上 "$" 符號 (如：$B$1)，位址就不會隨著改變。

範例中產品折扣價為：訂價 × 固定的折扣數，所以存放折扣數值的 B1 儲存格需要加上 $ 符號，輸入：「$B$1」。

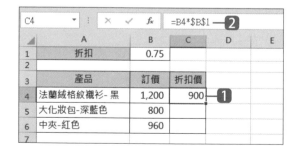

1 選按 C4儲存格，儲存格中的公式為：「=B4*B1)」。

2 將公式中 "B1" 參照位址改成 "$B$1" (可直接輸入 "$" 符號或選取公式中的 "B1" 按一下 F4 鍵轉換成 "$B$1")，修改後按 Enter 鍵完成。

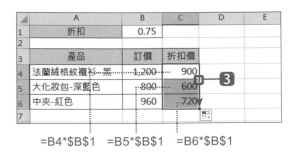

=B4*$B$1　=B5*$B$1　=B6*$B$1

3 於 C4 儲存格按住右下角的 **填滿控點** 往下拖曳，至 C6 儲存格放開滑鼠左鍵。公式中 B1 儲存格位址被固定，所以可求得正確值。

混合參照

混合參照是將欄名或列號其中一個設定為絕對參照，例如："$B1" 是將欄名固定、"B$1" 是將列號固定。範例中各產品的折扣價為：單價 × 折扣，由於這一個列子的變數為 **折扣** 列與 **單價** 欄，所以運用混合參照設計公式。

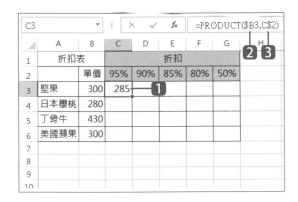

1 選按C3儲存格，儲存格中的公式為：「=PRODUCT(B3,C2)」。

2 選取公式中的 "B3" 按三下 **F4** 鍵，切換為混合參照："$B3"。

3 選取公式中的 "C2" 按二下 **F4** 鍵，切換為混合參照："C$2"，修改後按 **Enter** 鍵完成。

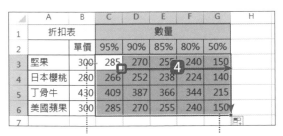

=PRODUCT($B3,C$2)　　　=PRODUCT($B6,G$2)

4 於 C3 儲存格按住右下角的 **填滿控點** 往右拖曳至 G3 儲存格放開滑鼠左鍵，再於 G3 儲存格按住右下角的 **填滿控點** 往下拖曳至 G6 儲存格放開滑鼠左鍵。公式中的混合參照會固定第一個引數的欄 B 與第二個引數的列 2，其他則會依相對位址調整。

B.4 相對參照與絕對參照的轉換

當輸入公式「B1」，之後複製公式時「B1」會自動依據貼上目的儲存格位置變更，這樣的參照方法為 **相對參照**。若在公式中的儲存格名稱加上 "$" 符號時，例如：「$B$1」或「$B1」，加上 "$" 符號的欄名列號就不會自動變更，這樣的參照方法為 **絕對參照** 或 **混合參照**。

輸入公式時可直接加上 "$" 符號，或按 F4 鍵多次，會依 "B1" → "$B$1" → "B$1" → "$B1" 的順序切換儲存格參照位址的表示方式。

1 選按 C4 儲存格，儲存格中的公式為：「=B4*B1」。

2 選取公式中的 "B1" 按一下 F4 鍵，可以快速切換為絕對參照 "$B$1"。

Tips

四種儲存格參照方式的切換

每按一次 F4 鍵會切換一種參照方式：

按 F4 鍵次數	參照方式	範例
一次	絕對參照	$B$1
二次	只有列為絕對參照	B$1
三次	只有欄為絕對參照	$B1
四次	相對參照	B1

線上查詢函數用法

Excel 內建許多的函數，但是相關的使用方式或是其中引數所代表的意義，實在很難都記住，這時候只要透過 **函數說明**，就可以即時在線上查詢。

1️⃣ 選按 f_x。

2️⃣ 於 **搜尋函數** 輸入要搜尋的函數名稱，按 **開始** 進行函數搜尋。

3️⃣ 選取要查詢的函數，再按 **函數說明**。

4️⃣ 會開啟 Office 支援函數說明網頁頁面，其中列出該函數的公式語法、引數說明、範例與多種使用方式...等。

沒有投資理財基因！就用 Excel 省錢賺現金

作　　者：文淵閣工作室 編著　鄧文淵 總監製

企劃編輯：王建賀

文字編輯：詹祐甯

設計裝幀：張寶莉

發 行 人：廖文良

發 行 所：碁峰資訊股份有限公司

地　　址：台北市南港區三重路 66 號 7 樓之 6

電　　話：(02)2788-2408

傳　　真：(02)8192-4433

網　　站：www.gotop.com.tw

書　　號：ACI031800

版　　次：2018 年 11 月初版
　　　　　2018 年 12 月初版二刷

建議售價：NT$320

國家圖書館出版品預行編目資料

沒有投資理財基因：就用 Excel 省錢賺現金 / 文淵閣工作室編
　著. -- 初版. -- 臺北市：碁峰資訊, 2018.11
　　面；　公分
　　ISBN 978-986-476-976-6(平裝)
　　1.理財　2.EXCEL(電腦程式)　3.電腦應用
563.029　　　　　　　　　　　　　　　107019517

讀者服務

● 感謝您購買碁峰圖書，如果您
  對本書的內容或表達上有不清
  楚的地方或其他建議，請至碁
  峰網站：「聯絡我們」\「圖書問
  題」留下您所購買之書籍及問
  題。(請註明購買書籍之書號及
  書名，以及問題頁數，以便能
  儘快為您處理)

http://www.gotop.com.tw

● 售後服務僅限書籍本身內容，
  若是軟、硬體問題，請您直接
  與軟體廠商聯絡。

● 若於購買書籍後發現有破損、
  缺頁、裝訂錯誤之問題，請直
  接將書寄回更換，並註明您的
  姓名、連絡電話及地址，將有
  專人與您連絡補寄商品。

X Excel 快速鍵

若要	請按
開啟「放大鏡工具」	⊞ + ±
最小化 / 還原最小化視窗	⊞ + D
最大化 / 還原視窗	⊞ + ↑ or ⊞ + ↓
縮小全部視窗	⊞ + M
關閉應用程式	Alt + F4
切換開啟中的程式	Alt + Tab
選取全部	Ctrl + A
複製	Ctrl + C
貼上	Ctrl + V
剪下	Ctrl + X
切換輸入法	Ctrl + Shift
啟用 / 停用輸入法切換	Ctrl + Space
刪除鍵	Del
回到最底部	End
回到最頂端	Home
顯示功能區的按鍵提示字母	Alt or F10
開啟新檔	Ctrl + N
開啟舊檔	Ctrl + O
立即儲存檔案	Ctrl + S
粗體	Ctrl + B
斜體	Ctrl + I
底線	Ctrl + U

X Excel 快速鍵

若要	請按
輸入公式時相對、絕對位址切換	F4
重複上一個設定動作	F4
在儲存格編輯中換行	Alt + Enter
插入新的工作表	Alt + Shift + F1
活頁簿視窗切換	Ctrl + F6
建立新的空白活頁簿	Ctrl + N
快速隱藏欄	Ctrl + 0
快速隱藏列	Ctrl + 9
顯示「儲存格格式」對話方塊	Ctrl + 1
顯示「建立表格」對話方塊	Ctrl + L
輸入今天日期 (年 / 月 / 日)	Ctrl + ;
輸入目前時間 (時：分 AM 或 PM)	Ctrl + Shift + ;
套用「時間」格式 (AM,PM 格式)	Ctrl + Shift + 2
套用「年 / 月 / 日」日期格式	Ctrl + Shift + 3
套用「貨幣」格式	Ctrl + Shift + 4
套用「百分比」格式	Ctrl + Shift + 5
新增或編輯儲存格註解	Shift + F2
顯示「插入函數」對話方塊	Shift + F3
往左移動一個儲存格	Shift + Tab
往右移動一個儲存格	Tab
往下移動一個儲存格	Enter
往上移動一個儲存格	Shift + Enter

Excel 函數

函數	說明	應用方法
SAMLL	求排在指定順位的值 (由小到大排序)	=SMALL(範圍,等級) =SMALL(A10:A50,4)
SUBSTĬTLE	將字串中部分字串以新字串取代	=SUBSTĬTLE(字串,搜尋字串,置換字串,置換對象) =SUBSTĬTLE(C3,"股份有限公司","(股)")
SUBTOTAL	可執行十一種函數的運算功能(平均值、個數、最大值、最小值、標準差、合計…)	=SUBTOTAL(小計方法,範圍1,範圍2,....) =SUBTOTAL(9,F4:F10)
SUM	加總數值	=SUM(範圍1,範圍2...) =SUM(A1:C10)
SUMĬF	加總符合單一條件的儲存格數值	=SUMĬF(搜尋範圍,搜尋條件,加總範圍) =SUMĬF(A1:A10,"女",C1:C10)
SUMĬFS	加總符合多重條件的儲存格數值	=SUMĬF(加總範圍,搜尋範圍1,搜尋條件1,搜尋範圍2,搜尋條件2...) =SUMĬFS(E3:E15,A3:A15,"<90",C3:C15,"動作")
SUMPRODUCT	求乘積的總和	=SUMPRODUCT(範圍1,範圍2,...) =SUMPRODUCT(A1:A10,B1:B10,C1:C10)
TEXT	依特定的格式將數值轉換成文字字串	=TEXT(值,顯示格式) =TEXT(A1,"$0.00")
TODAY	顯示今天的日期	=TODAY() 括弧中間不輸入任何文字或數字 =TODAY()
VLOOKUP	從直向參照表中取得符合條件的資料	=VLOOKUP(檢視值,參照範圍,欄數,檢視型式) =VLOOKUP(B3,$A$1:$A$10,2,0)
WEEKDAY	從序列值中求得星期幾	=WEEKDAY(序列值,類型) =WEEKDAY(A5,2)
WORKDAY.ĬNTL	由起始日算起，求經指定工作天數後的日期。	=WORKDAY.ĬNTL(起始日期,日數,週末,國定假日) =WORKDAY.ĬNTL(B3,C3,,F3:F8)

Excel 函數

函數	說明	應用方法
ABS	求絕對值	=ABS(數值) =ABS(A10)
AND	指定的條件均符合	=AND(條件1,條件2...) =IF(AND(5<A2,A2<60),"通過","不通過")
AVERAGE	求平均數	=AVERAGE(範圍1,範圍2...) =AVERAGE(A1:A10)
CEILING	求依基準值倍數無條件 進位的值	=CEILING(數值,基準值) =CEILING(A4,10)
COUNT	求有數值資料的儲存格 個數	=COUNT(數值1,數值2...) =COUNT(A1:A20)
COUNTA	求非空白的儲存格個數	=COUNTA(數值1,數值2...) =COUNTA(A1:A20)
COUNTIF	求符合搜尋條件的資料 個數	=COUNTIF(範圍,搜尋條件) =COUNTIF(A1:A10,"台北")
DAY	從日期中取得日的值	=DAY(序列值) =DAY(A10)
DATE	將數值轉換成日期	=DATE(年,月,日) =DATE(A1,B1,C1)
DATEDIF	求二個日期間的天數、 月數或年數	=DATEDIF(起始日期,結束日期,單位) =DATEDIF(A1,B1,"Y")
EDATE	由起始日期開始求幾個 月前(後)的日期序列值	=EDATE(起始日期,月) =EDATE(C3,2)
EOMONTH	由起始日期開始求幾個 月前(後)的該月最後一 天	=EOMONTH(起始日期,月) =EOMONTH(C3,2)
FIND	搜尋文字字串第一次出 現的位置	=FIND(搜尋字串,目標字串,開始位置) =FIND("區",A3,1)

Excel 函數

函數	說明	應用方法
FREQUENCY	求數值在指定區間內出現的次數	=FREQUENCY(資料範圍,參照表) =FREQUENCY(A1:A10,L1:L5)
FV	求投資的未來值	=FV(利率,總期數,每期支付金額,現值,支付日期) =FV(A4/12,A5*12,A3,0,1)
HLOOKUP	從橫向參照表中取得符合條件的資料	=HLOOKUP(檢視值,參照範圍,列數,檢視型式) =HLOOKUP(A2,$A$1:$F$1,2,0)
IF	依條件判斷結果並分別處理	=IF(條件,條件成立,條件不成立) =IF(A1>=60,"及格","不及格")
INT	求整數 (小數點以下位數均捨去)	=INT(數值) =INT(1000/30)
INDEX	求指定列、欄交會的儲存格值	=INDEX(範圍,列號,欄號,區域編號) =INDEX(A1:A10,B3,B4)
IRR	求報酬率	=IRR(現金流量,預估值) =IRR(A1:A10)
LARGE	求排在指定順位的值 (由大到小排序)	=LARGE(範圍,等級) =LARGE(A1:A10,5)
LEFT	從文字字串的左端取得指定字數的字	=LEFT(字串,字數) =LEFT(A10,2)
LOOKUP	搜尋並找到對應的值	=LOOKUP(關鍵字,範圍,參照表) =LOOKUP(A1,A1:A10,C1:C5)
MATCH	求值位於搜尋範圍中第幾順位	=MATCH(搜尋值,搜尋範圍,型態) =MATCH(A1,B1:B10,1)
MAX	求最大值	=MAX(數值1,數值2...) =MAX(A1:A10)
MID	從文字字串的指定位置取得指定字數的字	=MID(字串,開始位置,字數) =MID(A1,1,5)
MIN	求最小值	=MIN(數值1,數值2...) =MIN(A1:A20)

Excel 函數

函數	說明	應用方法
MODE	求最常出現的數值	=MODE(數值1,數值2...) =MODE(A1:A10)
MONTH	從日期中單獨取得月份的值	=MONTH(序例值) =MONTH(A1)
NOW	顯示現在日期與時間	=NOW() 括弧中間不輸入任何文字或數值 =NOW()
OR	指定的條件只要符合一個即可	=OR(條件1,條件2...) =IF(OR(A2<30,A2>80),"通過","不通過")
PV	求現值	=PV(利率,總期數,定期支付金額,未來值,支付日期) =PV(A4/12,A5*12,-A3,B4,0)
PRODUCT	求數值相乘的值	=PRODUCT(數值1,數值2...) =PRODUCT(A1,B1,C1)
PMT	求投資\還款定期支付的本金與利息合計金額	=PMT(利率,總期數,現值,未來值,支付日期) =PMT(A1/12,A2*12,200000)
PPMT	求投資\還款的本金金額	=PPMT(利率,期數,總期數,現值,未來值,支付日期) =PPMT(B1/12,A1,B2*12,B3)
RANK(RANK.EQ)	求指定數值在範圍內的排名順序	=RANK(數值,範圍,排序) =RANK(A3,$A$1:$A$5,0)
RATE	求利率	=RATE(總期數,每期金額,總金額) =RATE(A4*12,A5,A5)
ROW	求指定儲存格的列號	=ROW(儲存格) =ROW(A10)
ROUND	數值四捨五入	=ROUND(數值,位數) =ROUND(A10,2)
ROUNDUP	數值無條件進位到指定位數	=ROUNDUP(數值,位數) =ROUNDUP(A10,2)
ROUNDDOWN	數值無條件捨去到指定位數	=ROUNDDOWN(數值,位數) =ROUNDDOWN(A10,-2)